Geschichte und Geschehen

Parlamentarismus in Europa im 19. Jahrhundert

Autor: PD Dr. Michael Epkenhans
Dr. Andreas v. Seggern

Ernst Klett Verlag
Stuttgart · Leipzig

Bildnachweis

Umschlag: ullstein bild (iT), Berlin; **5.1:** AKG, Berlin; **6.2:** ullstein bild (Roger Viollet), Berlin; **8.6:** ullstein bild (Roger Viollet), Berlin; **9.9:** Erich Schmidt Verlag, Berlin; **10.1:** AKG, Berlin; **11.2:** Interfoto, München; **12.3:** AKG (British Library), Berlin; **13.4:** Corbis (Hulton Deutsch Collection), Düsseldorf; **14.5:** AKG, Berlin; **15.6:** AKG, Berlin; **17.9:** Corbis (Christie's Images), Düsseldorf; **18.10:** AKG, Berlin; **19.12:** ullstein bild (KPA), Berlin; **20.13:** Interfoto (Mary Evans Picture Library), München; **22.18:** The British Library, London; **22.20:** Punch Library, London; **25.23:** Punch Library, London; **26.26:** AKG, Berlin; **27.30:** AKG, Berlin; **29.1:** AKG, Berlin; **31.2:** AKG, Berlin; **33.3:** Photo Hubert Josse, Paris; **34.4:** AKG, Berlin; **35.5:** Bridgeman Art Library (Charmet), Berlin; **36.6:** aus: Histoire 1, Nathan, Paris; **37.7:** Bridgeman Art Library (Musee Carnavalet), Berlin; **39.10:** Picture-Alliance, Frankfurt; **42.16:** Getty Images (Imagno), München; **42.17:** ullstein bild (Imagno), Berlin; **44.23:** aus: Histoire 1, Nathan, Paris; **47.32:** Bridgeman Art Library (Archives Charmet), Berlin; **49.38:** Bridgeman Art Library, Berlin; **50.1:** BPK, Berlin; **51.2:** AKG, Berlin; **53.3:** AKG, Berlin; **55.4:** AKG, Berlin; **56.5:** AKG, Berlin; **58.6:** AKG, Berlin; **59.7:** AKG, Berlin; **60.8:** AKG, Berlin; **61.9:** BPK, Berlin; **63.14:** AKG, Berlin; **65.21:** BPK, Berlin; **66.22:** AKG, Berlin; **68.29:** AKG, Berlin; **69.31:** BPK (Julius Braatz), Berlin;

Nicht in allen Fällen war es uns möglich, den Rechteinhaber der Abbildungen ausfindig zu machen. Berechtigte Ansprüche werden selbstverständlich im Rahmen der üblichen Vereinbarungen abgegolten.

1. Auflage 1 5 4 3 2 1 | 2010 2009 2008 2007

Alle Drucke dieser Auflage sind unverändert und können im Unterricht nebeneinander verwendet werden.
Die letzten Zahlen bezeichnen jeweils die Auflage und das Jahr des Druckes.

Internetadresse: www.klett.de

Autor: PD Dr. Michael Epkenhans, Dr. Andreas v. Seggern

Redaktion: Dr. Björn Opfer
Herstellung: Sabine Artner

Reproduktion: Meyle + Müller, Medien-Management, Pforzheim
Kartenbearbeitung: Ingenieurbüro für Kartografie Joachim Zwick, Gießen
Kartografische Büro Borleis & Weis, Leipzig
Umschlagbild: ullstein bild (iT), Berlin; Parlamentseröffnung im Oberhaus 2003

Druck: Druckhaus Götz, Ludwigsburg
Printed in Germany

ISBN-13: 978-3-12-430023-2

9 783124 300232

Inhalt

1 **Der Weg zum Verfassungsstaat – Ideengeschichtliche Grundlagen** 5

2 **Großbritannien – Mutterland der Demokratie in Europa?** 10

3 **Frankreich – Hort der Revolutionen?** 29

4 **Die Entstehung des deutschen Parlamentarismus im 19. Jahrhundert** 50

Deutsche Verfassungen 1849, 1850, 1871 73

1 Der Weg zum Verfassungsstaat – Ideengeschichtliche Grundlagen

Die Frage, wie Menschen das Leben in einer Gemeinschaft organisieren, wie sie politische Streitfragen und soziale Spannungen möglichst einvernehmlich bewältigen sollten, hat Philosophen und Staatsmänner seit der Antike beschäftigt. Als Vorbild für die Lösung dieser Probleme gilt bis heute die Entwicklung im alten Griechenland. Im Laufe mehrerer Jahrhunderte gelang es dort, die als Tyrannis empfundene Herrschaft eines Einzelnen bzw. die die Mehrheit benachteiligende Herrschaft einer sozialen Elite – der Aristokratie – zu überwinden und durch eine neue Ordnung zu ersetzen. Grundgedanke der neuen Verfassung war, wie einer der bedeutendsten Staatsmänner im antiken Athen, Perikles (ca. 500 – 429 v. Chr.), es ausdrückte, die Errichtung der Herrschaft des Volkes, „Demokratie, weil der Staat nicht auf wenige Bürger, sondern auf die Mehrheit ausgerichtet ist". Nur diese Herrschaftsform, die jedem Bürger ein Mitspracherecht in politischen Angelegenheiten einräumte, schien, wie der griechische Geschichtsschreiber Herodot (ca. 480 – 420 v. Chr.) unter Hinweis auf den Aufstieg Athens nach Überwindung der Tyrannis schrieb, darüber hinaus geeignet, jeden einzelnen Bürger zu veranlassen, „sich ganz einzusetzen, da es für ihn selbst war".

In der Praxis bedeutete dies, dass alle Bürger Athens gemeinsam an Gesetzgebung und Regierung mitwirkten, die gewählten oder durch Los bestimmten Amtsträger kontrollierten bzw. diese vor einem ebenfalls von ihnen besetzten Gericht zur Rechenschaft zogen. Allein Frauen, Sklaven und Metöken waren vom politischen Willensbildungsprozess ausgeschlossen. Wichtigstes Organ im Rahmen dieses Prozesses war die Volksversammlung: Da es allein vierzig Pflichtsitzungen gab, trat diese relativ häufig unterhalb der Akropolis zusammen und beriet über alle Fragen der inneren und äußeren Sicherheit der Stadt, über Erbansprüche und Petitionen sowie religiöse Angelegenheiten. Gerichte, die aus gewählten Richtern bestanden, und das sogenannte „Scherbengericht", bei dem über die zeitlich befristete Verbannung von Amtsträgern abgestimmt wurde, die des Missbrauchs ihrer Macht verdächtigt wurden, sollten eine Tyrannis verhindern. Untrennbar verknüpft mit dem Recht, an allen Entscheidungen mitzuwirken, war das Recht jedes Bürgers, ein öffentliches Amt zu bekleiden. Das Funktionieren dieser Form der direkten Demokratie setzte voraus, dass sich möglichst viele Bürger tatsächlich engagierten, dass die Volksversammlungen überschaubar blieben und dass die der Mehrheit unterlegene Minderheit die gefassten Beschlüsse akzeptierte bzw. die Regeln für deren Überprüfung vor Gericht beachtete.

Nicht alle Athener haben diese Form der Herrschaft, bei der das Volk die Quelle aller Staatsgewalt war, als „ideal" betrachtet. Bekannte Philosophen wie Platon (427 – 347 v. Chr.), Sokrates (469 – 399 v. Chr.) und Aristoteles (384 – 322 v. Chr.) beurteilten vor allem die mögliche Beeinflussung des Volkes durch Demagogen kritisch. Sie hielten dieses, „einfach in den Sitten, unstet in den Meinungen und verführbar durch Versprechungen" (Platon), für ungeeignet, mit der ihm zustehenden Macht jederzeit verantwortlich umzugehen. Die athenische Geschichte selbst lieferte genügend Beispiele dafür, wie die Mehrheit durch ihre eigenen Beschlüsse das Prinzip der Demokratie an sich infrage stellen konnte.

Das im antiken Athen entwickelte Grundprinzip, dass Demokratie „Regieren durch Mehrheit" – so der Historiker Thukydides – bedeutet, sollte sich jedoch langfristig als sehr geschichtsmächtig herausstellen. Im Kampf gegen die Politik der Restauration und Reaktion sowie im Zeichen des Freiheitskampfes der Griechen betrachteten viele europäische Intellektuelle in der ersten Hälfte des 19. Jahrhunderts die antike griechische Demokratie als nachahmenswertes Vorbild.

Was unter „Demokratie" genau zu verstehen und wie das „Volk" bzw. welche Angehörige des „Volkes" – ob nur Reiche oder auch Arme, ob nur Männer oder auch

1 Das Volk ist der einzige Souverän – an dieser Idee, die im antiken Athen verwirklicht schien, orientierten sich viele europäische Philosophen und Politiker des 19. Jahrhunderts; Künstler verbreiteten diesen Gedanken in vielfältiger Weise. Gemälde von Philipp v. Foltz, 1852.

Frauen – an der Herrschaft beteiligt werden können, war lange Zeit umstritten. Erst am Ende eines jahrhundertelangen Lernprozesses entwickelten sich zunehmend mehr Staaten in Europa zu parlamentarischen Demokratien. Deren Kennzeichen waren und sind bis heute die Auflösung des Gegensatzes von Staat und Gesellschaft sowie die Anerkennung des Prinzips, dass politische Willensbildung in einer demokratischen Gesellschaft das Ergebnis eines offenen Prozesses der Auseinandersetzung miteinander konkurrierender Gruppen der Gesellschaft ist. Diese unterwerfen sich wiederum freiwillig dem Willen der jeweiligen Mehrheit und erkennen zugleich auch den Grundsatz an, dass ihre Repräsentanten nur auf Zeit gewählt sind. Demokratie bedeutet nach diesem Verständnis, das maßgeblich durch die Entwicklung in England geprägt ist, nicht Herrschaft des Volkes, sondern Herrschaft mit Zustimmung des Volkes. Grundlage einer parlamentarischen Demokratie ist eine Verfassung: Diese regelt das Verhältnis der Gewalten zueinander, beschreibt Rechte und Pflichten der Staatsbürger sowie enthält Bestimmungen über die Lösung von Konflikten.

Sieht man von den wenigen Stadtrepubliken ab, die sich allerdings keineswegs an dem Athen-Modell der Demokratie orientierten, so hatte die Herausbildung moderner Flächenstaaten in Europa zunächst eher den Anspruch der sie regierenden Fürsten und Könige auf absolute Herrschaft unterstützt. Nur so glaubten sie das Funktionieren des Staates gewährleisten, inneren Streit verhindern und die allgemeine Wohlfahrt im Interesse ihrer Untertanen fördern zu können. Ihren Anspruch auf die absolute Macht im Staate legitimierten sie mit dem Hinweis, Gott habe ihnen ihre Herrschaft übertragen und allein diesem seien sie für ihr Handeln verantwortlich.

Die Durchsetzung absoluter Herrschaft, deren Theorie vor dem Hintergrund bürgerkriegsähnlicher Zustände in seinem Heimatland von dem französischen Philosophen Jean Bodin (1529 – 1596) entwickelt wurde, gelang nicht in allen europäischen Staaten. Im Gegensatz zu Frankreich, dem Musterbeispiel einer absoluten Monarchie im 17. und 18. Jahrhundert, setzte sich in England nach heftigen Kämpfen eines seit dem Mittelalter bestehenden Parlaments gegen einen nach absoluter Herrschaft strebenden König im 17. Jahrhundert das Modell der modernen parlamentarischen Demokratie durch.

Während die Vertreter des Absolutismus auf das Gottesgnadentum des Herrschers verwiesen, beriefen sich deren Kritiker im Verlauf der Überwindung traditioneller Vorstellungen über Gott, die Welt und den Menschen auf das Naturrecht. Danach besaß der Mensch von Natur aus unveräußerliche Freiheits- und Grundrechte. Diese konnten nur durch einen „Vertrag“ zwischen ihm und einem „Herrscher“ beschränkt werden. Um den Missbrauch von Macht zu verhindern, erschien es zugleich geboten, die zur Ordnung eines Gemeinwesens notwendige „Herrschaft“ zwischen verschiedenen „Gewalten“ zu teilen.

Zu den Theoretikern, die diese Prinzipien seit dem ausgehenden 17. Jahrhundert entwickelten, gehörten der englische Arzt und Philosoph John Locke (1632 – 1704), der französische Staatsrechtler Charles-Louis de Secondat, Baron de la Brède et de Montesquieu (1689 – 1755) und der Schweizer Philosoph Jean-Jacques Rousseau (1712 – 1778). Unter Berufung auf das Naturrecht versuchten sie die Menschen „aufzuklären“, sie dazu zu veranlassen, sich aus ihrer „selbstverschuldeten Unmündigkeit“ (Immanuel Kant) zu befreien. Damit der Mensch die ihm angeborenen Rechte auch wahrnehmen konnte, entwarfen diese Philosophen in ihren Werken zugleich Modelle repräsentativer Körperschaften und legten die Grenzen des Regierungshandelns in einem festgefügten System von „checks and balances“ fest. Rousseaus Lehre vom Gesellschaftsvertrag unterschied sich von diesen Modellen insofern, als sie, wie im antiken Griechenland, in der Volksversammlung das höchste Organ sah, repräsentative Körperschaften daher ablehnte und zugleich die Einheit von gesetzgebender, exekutiver und richterlicher Gewalt forderte. Im Gegensatz zu den Philosophen der Aufklärung knüpfte der Berliner Staatsrechtler und Politiker Friedrich Julius Stahl (1802 – 1861) schließlich wieder an Bodin an. Im Zuge der Auseinandersetzungen mit den Liberalen in der Mitte des 19. Jahrhunderts verwies er erneut darauf, dass die Quelle der Macht des Monarchen Gottes Wille sei und dieser die damit verbundene Verantwortung gegenüber seinen Untertanen mit niemandem teilen könne. Für die weitere Entwicklung in Deutschland blieb dieses Denkmuster prägend und der Einfluss der bestehenden Parlamente daher begrenzt. In Westeuropa hingegen bildeten sich, wenn auch erst nach Überwindung innerer Konflikte, parlamentarische Demokratien heraus. Erst nach dem Sturz der Monarchie im November 1918 sollte sich auch Deutschland an diesen Vorbildern orientieren.

2 **Jean Bodin**, der theoretische Begründer des monarchischen Absolutismus

3 **Souveränität ist unteilbar**, *behauptete der französische Philosoph und Staatsrechtler Jean Bodin:*

[…] Der Begriff der Souveränität beinhaltet die absolute und dauernde Gewalt eines Staates […] Souveränität bedeutet höchste Befehlsgewalt […]

Da es auf Erden nach Gott nichts Größeres gibt als die souveränen Fürsten, die Gott als seine Statthalter einge-

setzt hat, damit sie der übrigen Menschheit befehlen, ist es notwendig, auf ihre Stellung acht zu haben, um in Unterwürfigkeit ihre Majestät achten und verehren und über sie in Ehrerbietung denken und sprechen zu können. Wer sich gegen den König wendet, versündigt sich an Gott, dessen Abbild auf Erden der Fürst ist. [...] Die wahren Attribute der Souveränität sind nur dem souveränen Fürsten eigen. [...]
Das hervorragendste Merkmal der fürstlichen Souveränität besteht in der Machtvollkommenheit, Gesetze für alle und für jeden einzelnen zu erlassen, und zwar, wie ergänzend hinzuzufügen ist, ohne dass irgendjemand – sei er nun höhergestellt, ebenbürtig oder von niederem Rang – zustimmen müsste. Wenn nämlich der Fürst nur mit Zustimmung eines über ihm Stehenden Gesetze erlassen kann, so ist er selbst Untertan; wenn es nur in Übereinstimmung mit einem ihm Ebenbürtigen geschehen kann, so teilt der Fürst seine Befugnisse mit jemandem; wenn die Gesetzgebung an die Zustimmung der Untertanen (des Senats oder des Volkes) gebunden ist, so ist der Fürst nicht souverän. Die Namen der Großen eines Landes, die man bei Gesetzestexten angefügt findet, bewirken nicht die Gesetzeskraft. Vielmehr bezeugen sie den Vorgang und verleihen ihm Nachdruck, so dass das Gesetz eher akzeptiert wird.

Zit. nach: Jean Bodin, Über den Staat (Buch I), Auswahl, Übersetzung und Nachwort von Gottfried Niedhart, Stuttgart 1976, S. 79, 39, 41, 42.

4 Der Mensch ist von Natur aus frei, *erklärte der englische Arzt und Philosoph John Locke (1632–1704) in seinem Buch „Two Treatises on Government" von 1690:*

[...] §87 Der Mensch wird, wie nachgewiesen worden ist, mit einem Rechtsanspruch auf vollkommene Freiheit und uneingeschränkten Genuss aller Rechte und Privilegien des natürlichen Gesetzes in Gleichheit mit jedem anderen Menschen oder jeder Anzahl von Menschen auf dieser Welt geboren. Daher hat er von Natur aus nicht nur die Macht, sein Eigentum, das heißt sein Leben, seine Freiheit und seinen Besitz, gegen die Schädigungen und Angriffe anderer Menschen zu schützen, sondern auch jede Verletzung des Gesetzes seitens anderer zu verurteilen und sie so zu bestrafen, wie es nach seiner Überzeugung das Vergehen verdient [...]. Da aber keine politische Gesellschaft bestehen kann, ohne dass es in ihr eine Gewalt gibt, das Eigentum zu schützen und zu diesem Zweck die Übertretungen aller, die dieser Gesellschaft angehören, zu bestrafen, so gibt es nur dort eine politische Gesellschaft, wo jedes einzelne ihrer Mitglieder seine natürliche Gewalt aufgegeben und zugunsten der Gemeinschaft in all denjenigen Fällen auf sie verzichtet hat, die es nicht davon ausschließen, das von ihr geschaffene Gesetz zu seinem Schutz anzurufen. [...]
§88 So gelangt das Staatswesen zu einer Gewalt, für die einzelnen Überschreitungen, die unter den Mitgliedern der Gesellschaft begangen werden und die es der Bestrafung für wert erachtet, das Strafmaß festzusetzen, das man für angemessen hält (also zu der Macht, Gesetze zu erlassen), und zugleich zu jener Gewalt, jegliches Unrecht zu bestrafen, dass einem der Mitglieder von jemandem zugefügt wird, der nicht zu dieser Gesellschaft gehört (also zu der Macht über Krieg und Frieden), und das alles zu Erhaltung des Eigentums aller Mitglieder dieser Gesellschaft, so weit es möglich ist. [...] Und hier liegt der Ursprung der legislativen und exekutiven Gewalt der bürgerlichen Gesellschaft: Sie hat nach stehenden Gesetzen zu urteilen, wie weit Verbrechen, die innerhalb des Gemeinwesens begangen wurden, zu bestrafen sind. Ebenso muss sie durch ein gelegentliches Urteil, das durch die jeweiligen Umstände des Falles begründet wird, entscheiden, wie weit Schädigungen von außen bestraft werden sollen. In beiden Fällen aber darf sie auf die gesamte Kraft ihrer Mitglieder zurückgreifen, wenn dies notwendig sein sollte. [...]
§134 Das große Ziel, das Menschen, die in eine Gesellschaft eintreten, vor Augen haben, liegt im friedlichen und sicheren Genuss ihres Eigentums, und das große Werkzeug und Mittel dazu sind die Gesetze, die in dieser Gesellschaft erlassen worden sind. So ist das erste und grundlegende positive Gesetz aller Staaten die Begründung der legislativen Gewalt, so wie das erste und grundlegende natürliche Gesetz, das sogar über der legislativen Gewalt gelten muss, die Erhaltung der Gesellschaft und (so weit es mit dem öffentlichen Wohl vereinbar ist) jeder einzelnen Person in ihr ist. Diese Legislative ist nicht nur die höchste Gewalt des Staates, sondern sie liegt auch geheiligt und unabänderlich in den Händen, in welche die Gemeinschaft sie einmal gelegt hat. Keine Vorschrift irgendeines anderen Menschen, in welcher Form sie auch verfasst, von welcher Macht sie auch gestützt sein mag, kann die verpflichtende Kraft eines Gesetzes haben, wenn sie nicht ihre Sanktion von derjenigen Legislative erhält, die das Volk gewählt und ernannt hat. Denn ohne sie könnte das Gesetz nicht haben, was absolut notwendig ist, um es zu einem Gesetz zu machen, nämlich die Zustimmung der Gesellschaft. [...]

Zit. nach: John Locke, Zwei Abhandlungen über die Regierung. Herausgegeben und eingeleitet von Walter Euchner, übersetzt von Hans Jörn Hoffmann, 4. Auflage, Frankfurt/M. 1989, S. 216ff.

5 Charles de Montesquieu, Begründer der Lehre von der Drei-Teilung der Gewalt im Staate, Gemälde 1728

6 Die Grundlagen und Voraussetzungen für eine gute Regierung *beschrieb der französische Staatsrechtler und Philosoph Charles de Montesquieu 1748 in dem Buch „Vom Geist der Gesetze":*

[...] Die politische Freiheit des Bürgers ist jene Ruhe des Gemüts, die aus dem Vertrauen erwächst, das ein jeder zu seiner Sicherheit hat. Damit man diese Freiheit hat, muss die Regierung so eingerichtet sein, dass ein Bürger den anderen nicht zu fürchten braucht. Wenn in derselben Person oder der gleichen obrigkeitlichen Körperschaft die gesetzgebende Gewalt mit der vollziehenden vereinigt ist, gibt es keine Freiheit; denn es steht zu befürchten, dass derselbe Monarch oder derselbe Senat tyrannische Gesetze macht, um sie tyrannisch zu vollziehen. Es gibt ferner keine Freiheit, wenn die richterliche Gewalt nicht von der gesetzgebenden und vollziehenden getrennt ist. Ist sie mit der gesetzgebenden Gewalt verbunden, so wäre die Macht über Leben und Freiheit der Bürger willkürlich, weil der Richter Gesetzgeber wäre. Wäre sie mit der vollziehenden Gewalt verknüpft, so würde der Richter die Macht eines Unterdrückers haben. Alles wäre verloren, wenn derselbe Mensch oder die gleiche Körperschaft der Großen, des Adels oder des Volkes diese drei Gewalten ausüben würde: die Macht, Gesetze zu geben, die öffentlichen Beschlüsse zu vollstrecken und die Verbrechen oder die Streitsachen der einzelnen zu richten. [...]

Da in einem freien Staate jeder, dem man einen freien Willen zuerkennt, durch sich selbst regiert sein sollte, so müsste das Volk als Ganzes die gesetzgebende Gewalt haben. Das aber ist in den großen Staaten unmöglich, in den kleinen mit vielen Misshelligkeiten verbunden. Deshalb ist es nötig, dass das Volk durch seine Repräsentanten das tun lässt, was es nicht selbst tun kann. [...] Alle Bürger [...] müssen das Recht haben, ihre Stimme bei der Wahl des Repräsentanten abzugeben, mit Ausnahme derer, die in einem solchen Zustand der Niedrigkeit leben, dass ihnen die allgemeine Anschauung keinen eigenen Willen zuerkennt. [...] Zu allen Zeiten gibt es im Staat Leute, die durch Geburt, Reichtum oder Ehrenstellungen ausgezeichnet sind. Würden sie mit der Masse des Volkes vermischt und hätten sie nur eine Stimme wie alle übrigen, so würde die gemeine Freiheit ihnen Sklaverei bedeuten. Sie hätten an ihrer Verteidigung kein Interesse, weil die meisten Entschließungen sich gegen sie richten würden, ihr Anteil an der Gesetzgebung muss also den übrigen Vorteilen angepasst sein. Die sie im Staate genießen. Das wird der Fall sein, wenn sie eine eigene Körperschaft bilden, die berechtigt ist, die Unternehmungen des Volkes anzuhalten, wie das Volk das Recht hat, den ihrigen Einhalt zu gebieten. So wird die gesetzgebende Gewalt sowohl der Körperschaft des Adels wie der gewählten Körperschaft, welche das Volk repräsentiert, anvertraut sein. Beide werden ihre Versammlungen und Beratungen getrennt führen, mit gesonderten Ansichten und Interessen. [...] Die vollziehende Gewalt muss in den Händen eines Monarchen liegen. Denn dieser Teil der Regierung, der fast immer der augenblicklichen Handlung bedarf, ist besser durch einen als durch mehrere verwaltet, während das, was von der gesetzgebenden Gewalt abhängt, häufig besser durch mehrere als durch einen Einzelnen angeordnet wird. [...]

Zit. nach: Charles de Montesquieu, Vom Geist der Gesetze, hg. von Ernst Forsthoff, 2. Aufl., Tübingen 1992, S. 214 ff. (XI. Buch, 6. Kapitel).

7 Die Herrschaft des Gemeinwillens ist das Wesen der Demokratie, *behauptete der französische Philosoph Jean-Jacques Rousseau (1712–1778) 1762 in seiner „Lehre über den Gesellschaftsvertrag".*

[...] Ich unterstelle, dass die Menschen jenen Punkt erreicht haben, an dem die Hindernisse, die ihrem Fortbestehen im Naturzustand schaden, in ihrem Widerstand den Sieg davontragen über die Kräfte, die jedes Individuum einsetzen kann, um sich in diesem Zustand zu halten. Dann kann dieser ursprüngliche Zustand nicht weiterbestehen, und das Menschengeschlecht würde zugrunde gehen, wenn es die Art seines Daseins nicht änderte. Da die Menschen nun keine neuen Kräfte hervorbringen, sondern nur die vorhandenen vereinen und lenken können, haben sie kein anderes Mittel, sich zu erhalten, als durch Zusammenschluss eine Summe von Kräften zu bilden, stärker als jener Widerstand, und diese aus einem einzigen Antrieb einzusetzen und gemeinsam wirken zu lassen.

Diese Summe von Kräften kann nur durch das Zusammenwirken mehrerer entstehen: Da aber Kraft und Freiheit jedes Menschen die ersten Werkzeuge für seine Erhaltung sind – wie kann er sie verpfänden, ohne sich zu schaden und ohne die Pflichten gegen sich selbst zu vernachlässigen? [...] Das ist das grundlegende Problem, dessen Lösung der Gesellschaftsvertrag darstellt. [...] Diese Bestimmungen lassen sich bei richtigem Verständnis sämtlich auf eine einzige zurückführen, nämlich die völlige Entäußerung jedes Mitglieds mit allen seinen Rechten an das Gemeinwesen als Ganzes. [...]

Dieser Akt des Zusammenschlusses schafft augenblicklich anstelle der Einzelperson jedes Vertragspartners eine sittliche Gesamtkörperschaft, die aus ebenso vielen Gliedern besteht, wie die Versammlung Stimmen hat, und die durch eben diesen Akt ihre Einheit, ihr gemeinschaftliches Ich, ihr Leben und ihren Willen erhält.

Diese öffentliche Person, die so aus dem Zusammenschluss aller zustande kommt, trug früher den Namen Polis, heute trägt sie den der Republik oder der staatlichen Körperschaft, die von ihren Gliedern Staat genannt wird, wenn sie passiv, Souverän, wenn sie aktiv ist, und Macht im Vergleich mit ihresgleichen. Was die Mitglieder betrifft, so tragen sie als Gesamtheit den Namen Volk, als Einzelne nennen sie sich Bürger, sofern sie Teilhaber an der Souveränität, und Untertanen, sofern sie den Gesetzen des Staates unterworfen sind. [...]

Aus dem Vorhergehenden folgt, dass der Gemeinwille immer auf dem rechten Weg ist und auf das öffentliche Wohl abzielt: Woraus allerdings nicht folgt, dass die Beschlüsse des Volkes immer gleiche Richtigkeit haben. [...]

Es gibt oft einen beträchtlichen Unterschied zwischen dem Gesamtwillen und dem Gemeinwillen; dieser sieht nur auf das Gemeininteresse, jener auf das Privatinteresse und ist nichts anderes als eine Summe von Sonderwillen: Aber nimm von eben diesen das Mehr und das Weniger weg, das sich gegenseitig aufhebt, so bleibt als Summe der Unterschiede der Gemeinwille. [...] Um wirklich die Aussage des Gemeinwillens zu bekommen, ist es deshalb wichtig, dass es im Staat keine Teilgesellschaften gibt und dass jeder Bürger nur seine eigene Meinung vertritt. [...]

Zit. nach: Jean-Jacques Rousseau, Vom Gesellschaftsvertrag oder Grundsätze des Staatsrechts. In Zusammenarbeit mit Eva Pietzcker neu übersetzt und herausgegeben von Hans Brockard, Stuttgart 1977, S. 16 ff., 30 ff.

8 Der Staat ist eine göttliche Institution, *erklärte der Berliner Staatsrechtler Friedrich Julius Stahl (1802–1861):*
Wenn der Staat zunächst als ein sittliches Reich der menschlichen Gemeinschaft sich darstellt, so ist er doch, tiefer betrachtet, zugleich eine göttliche Institution.
Es ruht vor allem das Ansehen des Staates auf der Verordnung Gottes. Das ist der letzte Grund des „ihm selbst innewohnenden ursprünglichen Ansehens". Seine ganze legitime Ordnung – Gesetz, Verfassung, Obrigkeit – hat daraus ihre bindende Macht. Insbesondere hat die Obrigkeit Ansehen und Gewalt von Gott. Sie ist von Gottes Gnaden. „Wo aber Obrigkeit ist, die ist von Gott verordnet" (Rom. 13). Von sich selbst kann kein Mensch obrigkeitliche Gewalt über andere Menschen haben, auch nicht die sämtlichen über den einzelnen. Noch auch können die Menschen durch Vertrag obrigkeitliche Gewalt gründen, da sie über ihr Leben und ihre Freiheit nicht verfügen, daher nicht jemandem Gewalt einräumen können. Das ist das göttliche Recht der Obrigkeit. Es hat seine Geltung in allen Staatsformen, für die Komitien und Magistraturen in der Republik nicht minder als für den König in der Monarchie, für den Wahl- wie für den Erbkönig. Denn, wenn auch die Personen für die Obrigkeit durch die Wahl bezeichnet werden, so gründet sich doch ihr Amt und Ansehen selbst nicht auf Willen und Ermächtigung der Wähler, sondern allein auf Gottes Gebot und Ermächtigung. Die göttliche Institution des Staates und seiner Obrigkeit bedeutet nun zwar bloß, dass das Ansehen derselben sich auf Gottes Gebot und Ordnung, nicht dass es sich auf Gottes unmittelbare, die Natur durchbrechende Tat gründet; es bleibt darum, in dieser oder jener Verfassung zu leben, unverkürzt. Aber jene göttliche Institution bedeutet wieder nicht bloß, dass der Staat überhaupt Gottes Gebot ist, sondern auch, dass überall die bestimmte Verfassung und die bestimmten Personen der Obrigkeit Gottes Sanktion haben. Hierauf ist nun der Hauptangriff gegen die göttliche Institution des Staates gerichtet. Man entgegnet, von Gott und seiner Ordnung lasse sich doch immer nur ableiten, dass die Menschen überhaupt in Staaten leben sollen, nicht aber der Bestand des bestimmten Staates, der bestimmten Verfassung, des bestimmten Fürsten. Wie dies alles offenbar von Gott unmittelbar nicht vorgeschrieben noch bewirkt sei, sondern immer von den Menschen ausgehe, so könne es auch immerdar nur von menschlichem Willen abhängen. [...] Die Menschen haben daher allerdings unbedingt Macht und Fug, solange noch nichts besteht, diese oder jene Verfassung festzusetzen, den Jakob oder Wilhelm zum Könige zu machen. Allein, so wie dies geschehen, ist eben diese Verfassung Staat, ist der Jakob König, und ist alles dieses nun zur gottverordneten Autorität über ihnen geworden, so dass sie die Verfassung nicht ändern dürfen, außer nach ihren eigenen Gesetzen, den König nicht entfernen, außer nach seinem eigenen Willen.
Es ruht aber auch der Beruf des Staates auf dem Dienste Gottes. Er ist Gottes Gebot für das Gemeinleben – Gerechtigkeit, Zucht, Sitte – das er handhaben, es ist Gottes Herrschaft, die er aufrichten soll. Die Obrigkeit ist nach dem Ausspruche der Heiligen Schrift (Rom. 13) nicht bloß „von Gott verordnet", sondern sie ist auch „Gottes Dienerin". Das bedeutet auch hier wieder nicht, dass die Anordnungen der Obrigkeit selbst als Gebote Gottes zu betrachten seien, sondern dass es ihr Amt ist, seine Gebote aufrechtzuerhalten.

Zit. nach: Friedrich Julius Stahl, Staatslehre. Berlin 1910

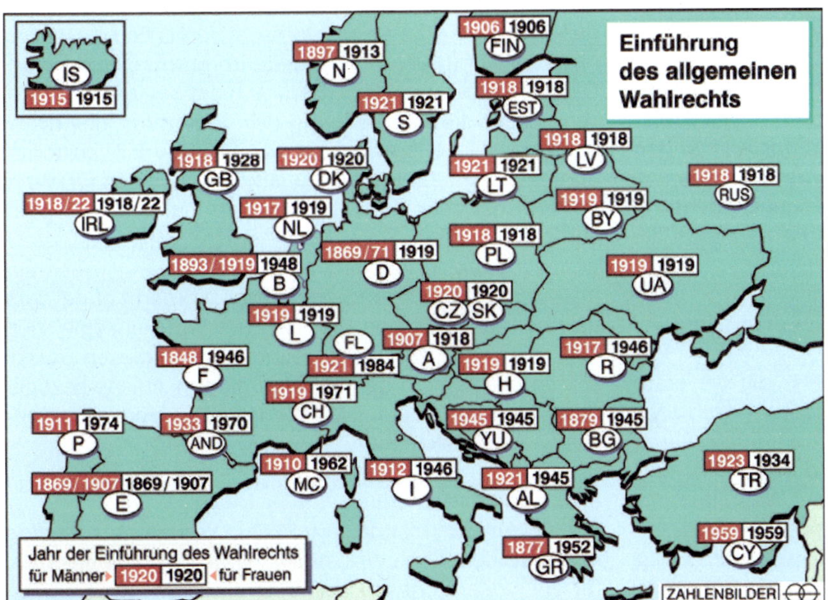

 710 051

9 Einführung des allgemeinen Wahlrechts in Europa

Arbeitsvorschläge:

1. Informieren Sie sich über die Entwicklung der Demokratie im antiken Athen anhand einschlägiger Handbücher und Lexika. (M1)
2. Diskutieren Sie die Unterschiede zwischen Bodin und Stahl (M3, M8) auf der einen, Locke, Montesquieu und Rousseau (M4, M6, M7) auf der anderen Seite.
3. Schreiben Sie unter Einbezug von M1, M3, M4, M6, M7–9 einen Essay über das Wesen der Demokratie.
4. Verfassen Sie anhand einschlägiger Handbücher einen Zeitungsartikel über die Geschichte des Wahlrechts in einem europäischen Land Ihrer Wahl (M9).

2 Großbritannien – Mutterland der Demokratie in Europa?

1 Sieg des Parlaments über den König: Hinrichtung Karls I. in London am 30. Januar 1649. Radierung von Jan Luyken (1649–1712).

1649: Ein König wird hingerichtet

Am 30. Januar 1649 versammelte sich eine große Menschenmenge vor dem Palast des englischen Königs in London. Doch dieses Mal ging es nicht darum, diesem zuzujubeln. König Karl I. (1600–1649), der wenige Tage zuvor wegen Hochverrats zum Tode verurteilt worden war, sollte an diesem Tage hingerichtet werden. „Die Geschichte bietet kein Beispiel für dergleichen", berichtete danach der venezianische Gesandte nach Hause. Könige waren zwar immer wieder heimlich von Rivalen ermordet worden, doch dass ein Monarch nach einem Gerichtsverfahren als König im Namen des Volkes öffentlich angeklagt und anschließend vor den Augen einer großen Menge hingerichtet wurde, war tatsächlich etwas Neues. Hinzu kam, dass nach der Hinrichtung des Königs zum Schrecken der Monarchen Europas die Republik in England proklamiert wurde.

1215: Die „magna carta" – Grundstein des englischen Verfassungsrechts

Die Ursachen für die Hinrichtung Karls I., die die erste englische Revolution in England beendete, waren vielfältig und sind ohne einen Rückblick in die Entwicklung des Verhältnisses zwischen Krone und Parlament seit dem 13. Jahrhundert nicht zu verstehen. Wie alle europäischen Länder war auch England im hohen Mittelalter eine feudale Monarchie, an deren Spitze der König stand. Dieser empfand sich als Beauftragter Gottes, in dessen Namen er den Frieden schützte, die Gesetze wahrte, Recht sprach und die Kirche verteidigte. Um diese Aufgaben erfüllen zu können, berief er wie in anderen Ländern „außerordentliche Versammlungen mit außerordentlichen Zielen" (Kurt Kluxen) ein, zu denen die Vasallen des Königs am Hofe zusammenkamen. Ziel dieser Versammlungen war es, über allgemeine Angelegenheiten des Staates zu beraten, neue Abgaben zu beschließen sowie Recht zu sprechen. Beide Seiten, der Monarch wie auch seine Vasallen, waren dabei in ein wechselseitiges System von Rechten und Pflichten eingebunden.

Im Verlauf heftiger Auseinandersetzungen hatte König Johann (1167–1216) 1215 die überlieferten Rechte seiner Vasallen in der „magna carta" anerkennen müssen. „Zum ersten Mal", so der Historiker Kurt Kluxen, „versuchten Magnaten, zusammen mit Kirche und Krone, in die Vasallen- und Landverhältnisse Ordnung zu bringen." Von grundlegender Bedeutung war dabei, dass insbesondere die Ausübung politischer Macht an das Gesetz gebunden war. Zugleich wurde ausdrücklich bestätigt, dass der König ohne die bereits im Krönungseid vorgesehene Zustimmung der Barone nicht regieren konnte. Hinzu kam die Anerkennung der Bedeutung des historisch gewachsenen allgemeinen Rechts, der „customs" und des „common law". Dazu gehörte auch das für die in angelsächsischen Ländern wichtige Recht auf „habeas corpus", d.h., „kein freier Mann" durfte „verhaftet, gefangen gehalten, enteignet, geächtet, verbannt oder auf irgendeine Art zugrunde gerichtet werden," ohne dass es einen „gesetzlichen Urteilsspruch von seinesgleichen oder auf Grund des Landesrechts" gab. In diesen Grundsätzen, weniger in den auf den akuten Anlass bezogenen Detailregelungen ist die langfristige Bedeutung der „magna carta" zu sehen.

Krone und Parlament

Auch wenn die „magna carta" keine Verfassungsurkunde im modernen Sinne war, stellte sie doch den Grundstein für die weitere Entwicklung in England dar. Die Nachfolger von König Johann haben sie mehrfach bestätigt. Der Weg Englands zu einer modernen parlamentarischen Monarchie war damit angesichts der weiterhin starken Stellung des Königs jedoch keineswegs vorgezeichnet. Im Zuge eines langsamen Prozesses bildete sich aber seit dem ausgehenden 13. Jahrhundert ein Parlament (1236 erstmals erwähnt) heraus. Treibende Kraft war dabei zunächst der Monarch selbst. Dieser wollte hohe Adlige, bald auch die dem niederen Adel angehörenden Ritter an seinen Entscheidungen beteiligen, um damit den von ihm verkündeten Gesetzen stärkere Geltung zu verschaffen. Dabei erkannte der König das Recht auf

Befragung an. Auch wenn dieser allein über die Erhebung von Steuern entschied, waren Debatten über deren Erhebung, Höhe und Verteilung bereits damals durchaus üblich. Gesetze wurden ebenfalls gemeinsam von König, Bischöfen, Vertretern des hohen und des niederen Adels beraten. 1265 wurden erstmals gewählte Vertreter von Städten und Marktflecken hinzugezogen. Sie repräsentierten das „gemeine Volk", die Commons. Diese verstanden sich bald als Vertreter der „Nation", deren Interessen sie im „Parliament" vertraten. Im Gegensatz zu den Vertretern des hohen Adels, die als Lehnsträger bzw. aufgrund ihrer Geburt im Parlament saßen, waren die passive Anwesenheit der Commons erst seit 1322 notwendig; seit 1327 mussten sie anwesend sein, hatten sie doch seitdem die Pflicht, Gesetze in der Form von Petitionen vor dem König und seinem Rat zu präsentieren. Daraus entwickelte sich das wichtige Recht zur Initiative bei der Gesetzgebung.

Unterhaus und Oberhaus

Hoher Adel und die von den Städten (boroughs) und Grafschaften (counties) entsandten Vertreter, die gemeinsam das Parlament bildeten, stellten jedoch keine Einheit dar. Seit 1341 tagten sie vielmehr bewusst getrennt. Im Laufe des 16. Jahrhunderts wurden diese Vertretungen für den hohen Adel, Bischöfe und Äbte auf der einen, die „Gemeinen", d.h. die Vertreter der Gemeinden und der dem niederen Adel angehörenden Ritter auf der anderen Seite als Oberhaus (House of Lords) bzw. Unterhaus (House of Commons) bezeichnet. Von besonderer Bedeutung war, dass die Mitglieder des Unterhauses im Laufe des 15. Jahrhunderts das Recht erstritten, dass Gesetze nur mit ihrer Mitwirkung zustande kommen konnten und dass diese alle Untertanen banden. Die Commons, die schließlich mit 462 Abgeordnete (1558) die größte gewählte Körperschaft im Königreich waren, betrachteten sich somit nicht mehr nur als Bittsteller, sondern als Repräsentanten des Königreichs, deren Zustimmung zu Gesetzen notwendig war. Wichtigster Hebel zur Erweiterung der Macht des Unterhauses war der Anspruch auf den eigenen Vorrang auch gegenüber dem Oberhaus in allen Finanzfragen. Bereits in der zweiten Hälfte des 17. Jahrhunderts setzte das Unterhaus durch, dass es in allen Finanzangelegenheiten das alleinige Recht der Initiative hatte und dass das Oberhaus, dessen Zustimmung zu allen Gesetzen formal notwendig war, Finanzvorlagen nicht mehr verändern durfte. Die „Parliament Act" von 1911 regelte diese Frage wie auch das Recht des Oberhauses, vom Unterhaus vorgelegte Gesetze abzulehnen, endgültig: Gesetze, die in drei Sitzungsperioden hintereinander vom Unterhaus verabschiedet worden waren, konnten nunmehr auch ohne Zustimmung des Oberhauses in Kraft treten.

Keine geschriebene Verfassung

Im Gegensatz zu vielen anderen Staaten entwickelte sich das Regelspiel zwischen den beteiligten Gewalten – Krone, Unter- und Oberhaus – nicht auf der Grundlage einer geschriebenen Verfassung. Diese besitzt Großbritannien bis heute nicht. Überlieferte Gewohnheiten (customs), angewandtes Gewohnheitsrecht (common law) sowie Parlamentsgesetze von grundlegender Bedeutung entwickelten sich vielmehr im Verlauf von Jahrzehnten, teilweise auch Jahrhunderten zu einem System von Pflichten und Rechten, die alle Seiten banden. Dieses System, das sich in alter englischer Rechtstradition an „Musterfällen" orientierte, erlaubt bis heute ein hohes Maß an Flexibilität bei der Anpassung der Verfassung an die jeweiligen politischen und gesellschaftlichen Realitäten.

2 Die aufständischen englischen Barone zwingen König Johann „ohne Land", 1215 die Magna Carta Libertatum zu unterschreiben. Historienbild 19. Jahrhundert.

Konflikte

Die enge und über weite Strecken gut funktionierende Zusammenarbeit zwischen Krone, Unter- und Oberhaus im Mittelalter und in der frühen Neuzeit – war das Parlament doch nur als „King's Parliament of England" eine nationale Institution – bedeutete aber nicht, dass es keine Konflikte gab. Deren Zahl nahm im Laufe des 16. und 17. Jahrhunderts vielmehr zu. Verantwortlich dafür waren der Ausbau der Staatsverwaltung, der Wille des Königs, außenpolitische Ziele notfalls auch mithilfe kostspieliger Kriege zu verwirklichen und eine zunehmend teurere Hofhaltung. Die bisherige Praxis, deren Kosten aus den Einnahmen der Krone aus ihrem Grundbesitz, Zöllen und feudalen Kronabgaben zu decken, ließ sich nicht mehr aufrecht erhalten. Neue Steuern, die bisher nur in Ausnahmefällen und mit Zustimmung des Parlaments erhoben worden waren, wurden immer häufiger notwendig. Die Trennung von Rom und die Begründung einer eigenen Staatskirche unter Heinrich VIII. (1491–1547) waren ebenfalls nur mit Zustimmung des Unterhauses möglich. Aus einer ursprünglichen Beschwerdeinstanz wurde so ein Instrument der Regierungspolitik. Damit einher ging eine Stärkung der Rechte der Abgeordneten (Redefreiheit, Immunität, Protokollierung der Verhandlungen).

Der lange bestehende Fundamentalkonsens zwischen Krone, Ober- und Unterhaus wurde jedoch erst zu Beginn des 17. Jahrhunderts gefährdet. Unter den seit 1603 regierenden Tudors wurde aus einer allgemeinen Finanzkrise allmählich eine Vertrauenskrise, die schließlich in einen grundsätzlichen Verfassungskonflikt mündete. Das Unterhaus widersetzte sich zunehmend den Forderungen des Königs Karl I. bzw. versuchte, im Gegenzug für die Bewilligung neuer Gelder diesen zu politischen Zugeständnissen zu zwingen. Das allgemeine Auftreten des Königs im Innern wie auch nach außen sowie dessen Versuch (seit 1629), entgegen den überlieferten Traditionen ohne Parlament zu regieren, nährten zugleich den Verdacht, dieser strebe eine absolute Stellung an. Der Versuch des Unterhauses nach dessen erneuter Einberufung im Jahre 1640, den König zur Einführung eines parlamentarischen Regierungssystems zu zwingen, endete schließlich in einem allgemeinen Bürgerkrieg. Religiöse und soziale Spannungen heizten diesen zusätzlich an. Am Ende des Konfliktes standen die Hinrichtung des zu keinen Zugeständnissen bereiten Monarchen und die Errichtung einer Republik. Mit dem Tode ihres wichtigsten Repräsentanten, Oliver Cromwell (1599 – 1658), zerfiel diese zwar und wurde die Monarchie wiederhergestellt. Doch bereits in den 1670er-Jahren kam es erneut zu Konflikten zwischen Krone und Parlament. Anlass war der Streit über die Religionspolitik des Königs Karl II. (1630 – 1685). Im Gegensatz zu die-

3 Königin Elisabeth I. (1558 – 1603) während einer Parlamentssitzung. Kupferstich 1682, Frontispiz für „The Journal of all the Parliaments of Queen Elizabeth“.
Es zeigt die an der Gesetzgebung beteiligten „Gewalten“: „Earls“ und „Dukes“ (links), „bishops“ (rechts), „commons“ (unten) sowie zahlreiche Zuschauer, die die Öffentlichkeit repräsentieren (hinter der Schranke).

sem lehnte das Unterhaus größere Toleranz gegenüber Katholiken und Mitgliedern protestantischer Sekten (Dissenter) ab. Der Versuch des Königs, das Unterhaus durch die durchaus rechtmäßige Außerkraftsetzung verabschiedeter Gesetze unter Druck zu setzen einerseits, das Bestreben des Parlaments, diesen andererseits bei der Verabschiedung von Gesetzen zu Zugeständnissen zu zwingen sowie dessen katholischen Bruder Jakob II. (1633–1701) von der Thronfolge auszuschließen, verschärften den Konflikt bereits in den 1680er-Jahren. Die Politik Jakobs II., die Macht der Krone zu stärken und die Monopolstellung der anglikanischen Staatskirche durch mehr Toleranz gegenüber Andersgläubigen, führte 1688 schließlich zum offenen Konflikt.

Von der konstitutionellen zur parlamentarischen Monarchie

Anders als in den 1640er-Jahren mündete dieser erneute Konflikt zwischen Krone und Parlament nicht in einen blutigen Bürgerkrieg, sondern eine „glorreiche", weil unblutige „Revolution". Führende Vertreter des Parlaments luden gemeinsam den holländischen Statthalter Wilhelm von Oranien (1650–1702) ein, den englischen Thron zu besteigen, um die überlieferten Rechte des Parlaments zu schützen. Im Rahmen dieser „Revolution" wurden zugleich die Gewichte zwischen Krone und Parlament neu verteilt. Die von Staatsrechtlern wie John Locke vertretene Lehre vom Vertrag zwischen Monarch und Volk wurde dabei politisch und verfassungsrechtlich erstmals angewandt. Ausdruck dieser Regelungen ist die „Bill of Rights" von 1689, die das Verhältnis zwischen König und Parlament regelte. Von besonderer Bedeutung waren dabei die Bestätigung des uneingeschränkten Steuermonopols des Parlaments, und das hieß insbesondere des Unterhauses, sowie die Verpflichtung des Königs, ohne dessen Zustimmung in Friedenszeiten kein stehendes Heer zu unterhalten. 1694 legte die „Triannial Act" zudem fest, dass alle drei Jahre Parlamentswahlen stattfinden mussten. Damit wurde dem König die Möglichkeit genommen, Parlamente auf unabsehbare Zeit zu vertagen bzw. ihm genehme nicht aufzulösen. Mit der „Act of Settlement" (1701) griff das Parlament darüber hinaus unmittelbar in die Thronfolge ein, schrieb die Unabhängigkeit der Justiz von der Krone endgültig fest sowie trennte die Einkünfte des Monarchen von denen des Staates. Dieser war fortan ein besoldeter Beamter.

4 Parlamentswahlen in Großbritannien 1852 Demonstration unabhängiger Wähler bei der Kandidatenaufstellung, Holzstich.

Der König war dennoch nicht machtlos. Er ernannte zunächst weiterhin die Mitglieder der Regierung und bestimmte vor allem die Richtlinien der Außenpolitik. Durch die Vergabe einträglicher Ämter in der Regierung oder bei Hofe, von Titeln oder auch lukrativer Regierungsaufträge konnte er weiterhin erheblichen Einfluss auf den politischen Willensbildungsprozess im Parlament nehmen. Trotz dieser Möglichkeiten mussten die englischen Könige bereits im 18. Jahrhundert dennoch die Erfahrung machen, dass sie gegen die Mehrheit des Parlaments nicht regieren konnten. Daher ernannten sie in der Regel Vertreter der Mehrheitsparteien zum Premierminister. Versuche Georgs III. (1738–1820), von dieser Praxis abzuweichen und die Rechte des Monarchen zu stärken, blieben letztlich erfolglos. Damit war der Übergang von der konstitutionellen zur parlamentarischen Monarchie endgültig vollzogen. Alle folgenden englischen Könige und Königinnen sollten sich daran halten. Seit Beginn des 18. Jahrhunderts machten sie ohnehin von dem ihnen theoretisch zustehenden Vetorecht keinen Gebrauch mehr. 1834 wurde auch zum letzten Mal ein Premierminister, der das Vertrauen des Parlaments besaß, vom König entlassen. Ebenso wenig lösten sie seitdem ohne Aufforderung des amtierenden Premierministers das Parlament eigenmächtig vorzeitig auf. Auch wenn sie weiterhin in die Regierung mit eingebunden waren, indem sie an Kabinettssitzungen teilnahmen oder den Premierminister regelmäßig zum Bericht empfingen, beschränkte sich ihre Rolle zunehmend auf repräsentative Akte. Im europäischen Vergleich war diese starke Stellung des Parlaments gegenüber der Krone zweifellos modern, auch wenn nicht übersehen werden sollte, dass – wie die Entwicklung des Wahlrechts zeigt – Parlamentsherrschaft nicht gleichbedeutend mit Demokratie ist.

Parteien

Ein wichtiges Merkmal der Entwicklung Englands zum modernen Verfassungsstaat war auch die im europäischen Vergleich frühe Herausbildung von Parteien im 17. Jahrhundert: der liberalen Whigs und der konservativen Tories. Die Whigs, die in der Vertragslehre John Lockes ihr theoretisches Fundament hatten, setzten an die Stelle des monarchischen Prinzips des Gottesgnadentums das Prinzip der Volkssouveränität, das wiederum die Grundlage der Stellung des Parlaments war. Die Tories hingegen betrachteten das Gottesgnadentum der Krone als einzige Sicherung gegen den Rückfall in den Bürgerkrieg. Damit einher ging die besondere Betonung der anglikanischen Staatskirche, deren Rolle sie gegenüber Andersgläubigen mit allen Mitteln verteidigten. Ihre Wähler rekrutierten sich vor allem aus den landbesitzenden Schichten der Gentry, während die Wähler der Whigs vor allem den städtischen Führungsschichten angehörten.
Je größer die Macht des Unterhauses wurde, umso mehr stritten beide Parteien um die Macht in diesem. Neben ideologischen Grundüberzeugungen spielten dabei zunehmend handfeste politische und materielle Interessen eine Rolle. Mit allen Mitteln versuchten sie daher seit dem 18. Jahrhundert, die Wahlen zum Unterhaus, bald auch zu den kommunalen Körperschaften in ihrem Sinne zu beeinflussen. Am Ende des 18. Jahrhunderts, als sich die bestehenden Parteien mehrfach gewandelt und neu konstituiert hatten, beschrieb der Publizist Edmund Burke zugleich erstmals, was unter einer Partei

2

5 Parlamentssitzung „The first Parliament of King Edward VII.: The Lords and Commons who received his Majesty´s preliminary declaration“, Aquarell 1901 von Thomas Walter Wilson.

zu verstehen sei. Seiner Meinung nach handelte es sich dabei um „a body of men united for promoting by their joint endeavours the national interest, upon some particular principle in which they all agreed."
Mit der fortschreitenden Demokratisierung im beginnenden 19. Jahrhundert und den zeitgleich stattfindenden politischen, sozialen und ökonomischen Veränderungen hatten sich die alten Parteien endgültig überlebt. Aus den Whigs entstand die liberale Partei, aus den Tories die konservative. Am Ende bildete sich schließlich auch eine eigene Arbeiterpartei (Labour Party). Aus losen Vereinigungen wurden nunmehr festgefügte Organisationen, die auf der Grundlage von Programmen inner- und außerhalb des Parlaments um die Gunst der Wähler warben. Die Konservativen spielten dabei im Laufe des 19. Jahrhunderts lange Zeit die bedeutendste Rolle. Sie verstanden es, sowohl den Adel als auch das besitzende Bürgertum für sich zu gewinnen. Beide Schichten sahen ihre traditionelle Stellung in Politik und Gesellschaft von den Forderungen radikaler Liberaler und der wachsenden Arbeiterschaft bedroht. Seit den 1870er-Jahren forderten die Konservativen zugleich einen Ausbau des Empire, eine Forderung, die sie in den insgesamt 25 Jahren, in denen sie zwischen 1867 und 1915 regierten, auch konsequent umsetzten.
Die Liberalen traten für eine konsequente Reformpolitik, Freihandel und – vor allem – für Home Rule, d.h. die Gewährung weitgehender Autonomie an das zu Großbritannien gehörende Irland ein. Zugleich lehnten sie die in ihren Augen unmoralische imperialistische Außenpolitik der Konservativen ab. Nach der Jahrhundertwende konnten die Liberalen zwischen 1906 und 1915 erneut mehrfach die Wahlen gewinnen. Verantwortlich dafür waren einerseits die Schwäche der Konservativen, andererseits das Versprechen, lange überfällige Sozialreformen wie die Einführung einer Altersversicherung endlich in Angriff zu nehmen.
Anders als die Konservativen und die Liberalen konnte die Labour Party auf keine historischen Vorläufer zurückgreifen. Die Interessen der Arbeiter wurden vielmehr lange von den Liberalen bzw. den im 19. Jahrhundert gebildeten Gewerkschaften wahrgenommen. Diese unterstützten schließlich auch die Bildung einer eigenen Arbeiterpartei, deren Vertreter 1906 erstmals in das Parlament einzogen.

Wahlen und Wahlrecht
Die Tatsache, dass England seit dem Mittelalter ein Parlament hatte, in dem gewählte Abgeordnete saßen und das zunehmend stärker die Politik der Regierung bestimmte, bedeutete jedoch nicht, dass es auch eine Demokratie war. Dies zeigt ein Blick auf die Wahlen zum Unterhaus, dessen soziale Zusammensetzung und die Entwicklung des Wahlrechts.
Bereits im hohen Mittelalter war es üblich, zu den Sitzungen des Parlaments jeweils zwei Ritter der Grafschaften (counties) und der Städte, Burg- und Marktflecken (boroughs) einzuladen. Anfänglich betrachteten viele Vertreter der counties und boroughs diese Teilnahme an den Versammlungen des Parlaments wegen der damit verbundenen Kosten eher als lästige Pflicht und weniger als ein bedeutendes Recht aufgrund der Teilnahme an Entscheidungen für das Allgemeinwohl.
Im Verlauf des 15. Jahrhunderts wurden die Regeln über Wahlen und Wählbarkeit allmählich vereinheitlicht. Seit 1429 waren demnach in den counties nur noch jene wahlberechtigt, die aus freiem Grundbesitz nach Abzug von Steuern und anderen Abgaben ein Einkommen von 40 Schilling bezogen. Damit wollte König Heinrich VI. zum einen die Besitzlosen von den Wahlen ausschalten und zugleich durch Stärkung der Ritter (Gentry) den Einfluss des hohen Adels (Lords) auf die Wahlen verringern. Zum anderen wollte er damit die Stellung des Unterhauses gegenüber dem Oberhaus stärken. Das Wahlrecht in den boroughs war hingegen bis ins 19. Jahrhundert unterschiedlich. In manchen waren alle Bürger wahlberechtigt, die Steuern zahlten, in anderen nur jene, die Mitglieder der städtischen Selbstverwaltung waren.
Seit dem 15. Jahrhundert regelten detaillierte Vorschriften auch das Wahlverfahren. Gewählt war seitdem, wer die Mehrheit der Stimmen erhalten hatte. Um allen Wahlberechtigten die Möglichkeit zur Teilnahme an den Wahlen zu geben, zogen sich diese bis zur großen Wahlreform des Jahres 1832 über vierzig Tage hin. Gewählt werden konnte nur derjenige, der über ausreichend Besitz verfügte (seit 1710: 300 Pfund Jahreseinkommen

in den boroughs, 600 Pfund in den counties). Die test act von 1672 verlangte zudem, dass der gewählte Abgeordnete einen Eid nach den Vorschriften der anglikanischen Kirche ablegte. Katholiken und Juden konnten daher bisher zu deren Aufhebung im Jahre 1828 bzw. 1858 ihre Mandate nicht wahrnehmen.
Bis ins 19. Jahrhundert hinein waren Wahlen und Wahlrecht Mittel, die Stellung der Krone, dann die der großen Landbesitzer zu stärken. So gewährte die Krone seit dem Mittelalter vielen boroughs gegen finanzielle Entschädigung das Recht, Abgeordnete ins Unterhaus zu entsenden. Während sich die boroughs davon eine Vertretung ihrer Interessen versprachen, hoffte die Krone, in diesen zuverlässige Partner zu gewinnen. Nur so ist auch die auffällig große Zahl von boroughs im reichen Süden und Südwesten Englands zu erklären.
Je mächtiger das Unterhaus im Laufe des 17. und 18. Jahrhunderts wurde, umso wichtiger erschien es vielen einflussreichen Landbesitzern, selber im Unterhaus zu sitzen oder dort durch Mitglieder der eigenen Familie, d. h. insbesondere nicht erbberechtigte Söhne, bzw. andere zuverlässige Abgeordnete vertreten zu sein. Das öffentliche Wahlverfahren und die vergleichsweise geringe Zahl von Wahlberechtigten erlaubten ihnen vielfältige Möglichkeiten der Wahlbeeinflussung: Bestechung von Wählern und Wahlbeamten, offener Wahlterror gegenüber Andersdenkenden und der schlichte Kauf von Mandaten waren an der Tagesordnung – wenn es denn überhaupt zu Wahlen kam. In vielen Fällen handelten Vertreter des hohen Adels diese vorher aus, sodass mangels Gegenkandidat gar keine Wahl stattfand. Die Tatsache, dass Wahlkreise selbst dann nicht verändert wurden, wenn sie aufgrund der demographischen und ökonomischen Entwicklung über immer weniger oder auch gar keine Wähler verfügten (rotten boroughs), begünstigte die Möglichkeiten der Einflussnahme zusätzlich. Im Jahre 1793 kamen 294 von 558 englischen und schottischen Abgeordneten aus Wahlkreisen ohne oder mit weniger als 250 Wählern; 1816 waren 371 von 489 Abgeordneten aus englischen Wahlbezirken in festen Händen, d. h., sie waren nicht gewählt worden. Von ca. 400 000 Wahlberechtigten übten 1832 nur ca. 20 000, d. h. 5 Prozent, überhaupt ihr Wahlrecht aus.
Die Behauptung vieler Zeitgenossen und Historiker, dass England ein Land war, das von Adligen, Landbesitzern und reichen Angehörigen des städtischen Bürgertums beherrscht wurde, erscheint daher durchaus zutreffend. Dieses System der Adelsherrschaft konnte aber nur solange funktionieren, wie öffentliche Proteste ausblieben. Diese häuften sich zwar im 18. Jahrhundert, von einer bevorstehenden Revolution kann jedoch keine Rede sein. Von großer Bedeutung für die weitere Entwicklung war vielmehr die Herausbildung einer politischen Öffentlichkeit neben den bestehenden Parteien im ausgehenden 18. Jahrhundert. Zu deren Trägern gehörten jene Schichten, die im Verlauf der beginnenden Industrialisierung an Wohlstand und Ansehen gewonnen hatten: Ladenbesitzer und Handwerker, aber auch angelernte Arbeiter sowie religiöse Dissenter, d. h. Protestanten, die seit dem 17. Jahrhundert von politischer Mitwirkung ausgeschlossen und somit Bürger zweiter Klasse waren. Diese Kreise forderten eine Reform der Verfassung durch eine Reform des Parlaments. Mit Hilfe des Wahlrechts wollten sie die Macht der regierenden Aristokratie brechen.

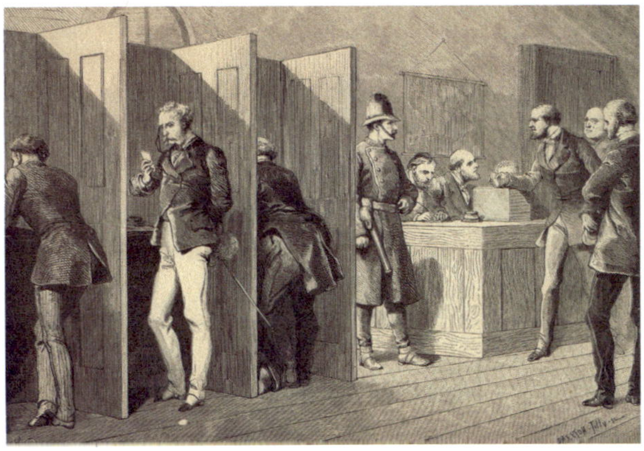

6 **Wahlen zum Unterhaus 1874**, Die geheime Wahl (seit 1873) ist Teil des Demokratisierungsprozesses. Holzstich.

Das Parlament, das stolz darauf war, im 17. Jahrhundert seine Rechte gegenüber der Krone erkämpft und behauptet zu haben, war keineswegs bereit, sich von außerparlamentarischen Gruppen, deren Organisationen und deren Presse unter Druck setzen zu lassen. Die weit verbreitete Angst vor einer revolutionären, gewaltsamen Entwicklung wie in Frankreich stärkte die beharrenden Kräfte zunächst. Selbst als die Wirren der französischen Revolution vorüber waren und Napoleon endgültig verjagt worden war, sahen die Vertreter der regierenden Aristokratie keine Notwendigkeit, Reformen einzuleiten. 1817 und 1818 wurden die von mehr als 350 Städten eingereichten 2 200 Petitionen, in denen die Demokratisierung des Wahlrechts gefordert wurde, vom Parlament zurückgewiesen. Massendemonstrationen von annähernd 10 0000 Teilnehmern wie 1819 in Peterloo bei Manchester wurden mit militärischen Mitteln blutig unterdrückt. Ausnahmegesetze schränkten die Presse- und Demonstrationsfreiheit massiv ein.
Trotz dieser drastischen Maßnahmen ging an einer Reform des Wahlrechts auf die Dauer kein Weg vorbei. Anfang der 1830er-Jahre wuchs der Druck inner- und außerhalb des Parlaments auf die regierenden Tories. An zahlreichen Orten kam es erneut zu Unruhen. Träger der Reformbewegung waren erneut die Mittelschichten, die von einer inzwischen zahlenmäßig erheblich gewachsenen Arbeiterschaft unterstützt wurde. Nach heftigen Auseinandersetzungen im Parlament und der Drohung, so viele liberale Lords zu ernennen, um im Oberhaus eine ausreichende Mehrheit zu haben, gelang es dem Führer der liberalen Whigs und Premierminister Lord Grey 1832, eine Reform des Wahlrechts durchzusetzen.
Diese Reform, die bis heute als „Great Reform Act" gilt, betraf zunächst das Wahlrecht. In den counties erhielten nunmehr auch die wohlhabenden Pächter das Wahlrecht, in den boroughs alle Besitzer von Häusern, die steuerlich mit 10 Pfund im Jahr veranschlagt wurden. Die Zahl der Wahlberechtigten stieg dadurch um 50 Prozent auf ca. 700 000. Jeder sechste männliche Wähler durftenunmehr wählen. Zugleich wurden die Wahlkreise neu geordnet. Zahlreiche rotten boroughs verschwanden ganz oder verloren einen Sitz zugunsten der aufstrebenden und bisher teilweise gar nicht im Parlament vertretenen Industriestädte.
Die „Great Reform Act" konnte letztlich nur ein Anfang auf dem Weg zur Demokratisierung in England sein.

Große Teile der Bevölkerung waren weiterhin von den Wahlen ausgeschlossen, da sie die notwendigen Besitzqualifikationen nicht erfüllten. Auch gab es weiterhin erhebliche Ungleichheiten bei der Größe der Wahlkreise: So kamen 115 Abgeordnete aus Wahlkreisen mit weniger als 500 Wahlberechtigten, und eine Stadt mit 180 000 Einwohnern wie Manchester entsandte genauso viele Vertreter ins Unterhaus wie manche boroughs mit nur 4 000 Einwohnern. Bedeutsam war auch die Tatsache, dass die Wahl weiterhin öffentlich war. Adlige Großgrundbesitzer konnten daher immer noch das Wahlverhalten der von ihnen abhängigen Pächter direkt bzw. indirekt beeinflussen.
Dennoch vergingen bis zur Verabschiedung einer weiteren Reformvorlage mehr als dreißig Jahre. In den 1840er-Jahren hatten die Chartisten zwar eine Demokratisierung des Wahlrechts gefordert, 1848 war diese von Arbeitern getragene und radikalen Vertretern der Mittelschichten unterstützte Bewegung jedoch gescheitert. Die Sorge vor einem Überspringen der Revolutionen in Europa auf England und deren unabsehbare Folgen war dafür maßgeblich verantwortlich.
In den 1860-Jahren änderte sich die Situation jedoch erheblich. Verschiedene außerparlamentarische Gruppierungen drängten auf Reformen. Die regierenden Liberalen machten sich diese schließlich zueigen. Zu mehr als einer vorsichtigen Erweiterung des Kreises der Wahlberechtigten waren sie jedoch aus Sorge vor dem unberechenbaren Einfluss ungelernter Arbeiter und der Unterschichten nicht bereit. Mit ihrer Vorlage scheiterten sie jedoch 1866 am Widerstand in den eigenen Reihen und der Konservativen. Bereits 1867 legte die nach Ablehnung der liberalen Vorlage gebildete konservative Regierung aus taktischen Gründen einen eigenen Gesetzentwurf vor. In den boroughs waren jetzt alle Hausbesitzer sowie alle Wohnungsinhaber, die eine Jahresmiete von 10 Pfund zahlten, wahlberechtigt, in den counties wurde der Zensus für Grundeigentümer und Pächter gesenkt. Darüber hinaus wurden die Wahlkreise entsprechend den sozialen und ökonomischen Veränderungen neu geordnet. Insgesamt verdoppelte sich die Zahl der Wahlberechtigten dadurch gegenüber 1832.
1884/85 folgten weitere Gesetze, die die Zahl der Wahlberechtigten erweiterten sowie die Wahlkreise nochmals neu ordneten. Fast Zweidrittel der Männer waren nun wahlberechtigt, Angehörige der Unterschichten hingegen blieben bis zur Wahlrechtsreform von 1918, als alle Männer das Wahlrecht erhielten, weiterhin ausgeschlossen. Demgegenüber erhielten Grundeigentümer, die über Besitz in mehreren counties verfügten, ein mehrfaches Stimmrecht. Bei ca. 8 Millionen Wahlberechtigten im Jahre 1911 waren dies immerhin ca. 500 000 Personen.
Viel bedeutsamer für die politische Kultur als diese Erweiterung des Wahlrechts war die Einführung der geheimen Wahl im Jahre 1873. Diese reduzierte die Möglichkeiten der Einflussnahme von Landbesitzern und Arbeitgebern auf Pächter und Arbeiter. Wahlen wurden dadurch zum einen repräsentativer und demokratischer. Zum anderen erleichterte die Möglichkeit der geheimen Wahl die Bildung politischer Gruppierungen wie der Home Rulers, die für die Autonomie Irlands innerhalb Großbritanniens kämpften.
Ausgeschlossen von den Wahlen zum Parlament waren hingegen die Frauen. Obwohl diese nach der Jahrhundertwende teilweise auch gewaltsam für die Verleihung des Wahlrechts demonstrierten, erhielten diejenigen von ihnen, die über 30 Jahre alt waren und die selbst bzw. deren Ehemann den für Kommunalwahlen erforderlichen Zensus erbrachten, dieses erst mit einer weiteren Wahlrechtsreform am Ende des Ersten Weltkrieges. Die übrigen Frauen mussten bis 1928 warten. Auch das Pluralwahlrecht wurde erst 1948 abgeschafft.

7 Grundlage der heutigen britischen Verfassung

ist die „Bill of Rights" 1689:

Und da der frühere König Jakob abgedankt hat und der Thron dadurch freigeworden ist [...] geben [...] die geistlichen und weltlichen Lords und die Mitglieder des Unterhauses, wie sie nun als volle und freie Vertretung der Nation versammelt sind und die besten Maßnahmen zur Erlangung des vorgenannten Ziels [Schutz der Religion, der Gesetze und Freiheiten] in Erwägung ziehen, zunächst (wie das in gleichen Fällen ihre Vorfahren getan haben) folgende Erklärung zur Sicherung und Wahrung ihrer alten Rechte und Freiheiten ab:

1. Die angemaßte Macht, durch königliche Autorität ohne Zustimmung des Parlaments Gesetze oder die Ausführung von Gesetzen auszusetzen, ist ungesetzlich.
2. Die angemaßte Macht, durch königliche Autorität Gesetze oder die Ausführung von Gesetzen aufzuheben, wie sie in der Vergangenheit angemaßt und ausgeübt wurde, ist ungesetzlich.
3. Die Bestallung für die Errichtung des früheren Gerichtshofes der Kommissare für kirchliche Angelegenheiten und alle anderen Bestallungen und Gerichtshöfe gleicher Art sind ungesetzlich und verderblich.
4. Die Erhebung von Geld für den Gebrauch der Krone unter dem Vorwand [königlichen] Vorrechts ohne Bewilligung des Parlaments für längere Zeit und in anderer Weise, als sie bewilligt ist oder wird, ist ungesetzlich.
5. Es ist das Recht der Untertanen, an den König Gesuche zu richten. Alle Verhaftungen und Verfolgungen um solcher Petitionen willen sind ungesetzlich.
6. Das Aufstellen und Halten einer stehenden Armee im Königreich in Friedenszeiten, außer mit Zustimmung des Parlaments, ist ungesetzlich.
7. Die protestantischen Untertanen können Waffen führen, wie es ihrem Stande gemäß und durch das Gesetz erlaubt ist.
8. Die Wahl der Mitglieder des Parlaments soll frei sein.
9. Die Freiheit der Rede, der Debatten und des Verfahrens im Parlament soll nicht vor irgendeinem Gerichtshof oder einer Stelle außerhalb des Parlaments verfolgt oder untersucht werden.
10. Es sollen nicht übermäßige Bürgschaften gefordert, noch übermäßige Geldbußen auferlegt, noch grausame und ungewöhnliche Strafen verhängt werden.
11. Die Geschworenen sollen in angemessener Form verzeichnet und gewechselt werden. Geschworene, die in Verhandlungen über Hochverrat über Menschen urteilen, sollen Freisassen sein.
12. Alle Bewilligungen und Zusagen von Geldstrafen und Pfändungen einzelner Personen vor ihrer gerichtlichen Überführung sind ungesetzlich und nichtig.
13. Für die Abstellung aller Klagen und für die Besserung, Bestätigung und Bewahrung der Gesetze sollen häufig Parlamente gehalten werden. Sie beanspruchen, fordern und bestehen auf allen und jedem der vorge-

nannten Punkte als ihren zweifellosen Rechten und Freiheiten […]
Die genannten geistlichen und weltlichen Lords und die Gemeinen, in Westminster versammelt, beschließen, dass Wilhelm und Maria, Prinz und Prinzessin von Oranien, zum König und zur Königin von England, Frankreich und Irland und den Ländern, die davon abhängen, erklärt werden, und dass sie Krone und königliche Würde in den genannten Königreichen und Besitzungen für die Dauer ihres vereinten Lebens und für die Lebenszeit des von ihnen Überlebenden behalten sollen. Ferner beschließen sie, dass die alleinige und volle Ausübung der königlichen Gewalt ausschließlich von dem genannten Prinzen von Oranien ausgehen, im Namen des genannten Prinzen und der genannten Prinzessin während ihres vereinten Lebens, und dass nach ihrem Ableben die genannte Krone und königliche Würde genannter Königreiche und Besitzungen auf die leiblichen Erben der genannten Prinzessin übergehen sollen und in Ermangelung solcher Nachkommenschaft auf die Prinzessin Anna von Dänemark und ihre leiblichen Erben und in Ermangelung solcher Nachkommen auf die leiblichen Erben des genannten Prinzen von Oranien. Und die geistlichen Verfassungsgesetze und weltlichen Lords und die Commons richten ihre Bitte an den genannten Prinzen und die genannte Prinzessin, diesen Antrag demgemäß anzunehmen.

Zit. nach: G. Franz, Staatsverfassungen, 2. Aufl., München 1964, S. 513ff.

8 Über die Notwendigkeit einer Reform und die Gefahren einer Revolution debattierten zwei Parlamentarier 1831

a) Aus einer Rede des Abgeordneten Sir Robert Inglis vom 1.3.1831:

Dieses Haus ist keine Deputiertenversammlung […] wir sind nicht hierher gesandt worden, um Tag für Tag die Meinungen unserer Wähler zu vertreten. Wir sind gehalten, die Rechte und Privilegien ihrer Gemeinden zu schützen, wir sind gehalten, jederzeit ihre allgemeinen Interessen zu berücksichtigen jedoch nicht ihre unmittelbaren Willensentscheidungen, es sei denn, sie stimmten mit unserem wohlerwogenen Rechtsempfinden überein. […] Man hat uns hierher entsandt, um Gesetze nicht für die Interessen einer bestimmten Gruppe, sondern entsprechend den Bedürfnissen und Rechten aller zu formulieren und zu verabschieden. […] Sollten wir uns dabei falsch verhalten, so befinden sich unsere Wähler bei Auflösung des Parlaments im Besitz des entsprechenden Gegenmittels. […]
Unsere Verfassung ist nicht das Werk eines Gesetzgebers; jenseits aller menschlichen Planung und Berechnung verkörpert sie die Summe der Geschichte, sie ist kein Bau, sondern ein Baum. […] Soweit ich weiß, existiert kein Beweis dafür, dass unser Haus jemals nach dem Grundsatz einer Vertretung des Volkes gewählt wurde oder gemäß irgendeinem festgesetzten Repräsentationsprinzip. […] Es hat sich vielmehr, gleich einem Werk der Natur, unserem Wachstum angepasst. Welch ein Unterschied zwischen den Grafschaftsvertretungen einst und jetzt, wie wenig ähneln die Landedelleute heute in diesem Haus jenen von vor hundert Jahren, wie sind sie gewachsen im Gleichklang mit dem Wachstum des Landes, wie zutreffend spiegeln ihre Einsichten die Ansichten ihrer Wähler und wie angemessen vertreten sie deren lokale Interessen. Allgemein gesprochen verkörpert das Unterhaus heute das, was es schon für eine lange Reihe von Jahren verkörpert hat: die vollständigste Vertretung der Interessen des Volkes, die jemals zu irgendeiner Zeit in irgendeinem Lande sich versammelt hat. Es ist die einzige Verfassungskörperschaft, die je existiert hat, welche Vertreter und Anwälte der Interessen der Landbesitzenden, der Handeltreibenden und der sonstigen Berufsgruppen enthält. Dazu jene, die sich verpflichtet sehen, die Vorrechte der Krone zu wahren, die Privilegien des Adels, die Interessen der niederen Klassen, die Rechte und Freiheiten des gesamten Volkes. Gerade weil unser Wahlrecht nicht nach den Sätzen der Symmetrie konstruiert ist, verschafft es so unterschiedlichen Klassen Zugang zum Unterhaus. Die concordia discors [Einheit im Widerstreit der Meinungen] gewährt allen Begabungen, allen Klassen und Interessen Zugang.

Zit. nach: Peter Wende, England als Vorbild Europas. Englische Verfassungs-, Sozial- und Wirtschaftsgeschichte 1688–1832, Stuttgart 1988, S. 38.

b) Der liberale Historiker und Politiker Thornas B. Macaulay in seiner Unterhausrede vom 16.12.1831 aus Anlass der Debatte über die Wahlrechtsreform:

Schwerlich lässt sich eine bedrohlichere Situation vorstellen als jene, in der wir uns befinden angesichts der beiden

9 Krönung von Königin Victoria, Gemälde Edmund Thomas Parris ca. 1838

10 „Königin Victoria eröffnet das Parlament", Ölgemälde 1845 von Alexander Blaikley (1816–1903), 155 × 119,5 cm im House of Lords.

feindlichen Lager in diesem Lande: oben eine kleine Oligarchie, darunter eine wütende Menge; die Laster auf der einen Seite sind Folgen der Macht, die Laster auf der anderen Seite Folgen der Not; die eine Partei sperrt sich blindlings gegen jede Reform, die andere schreit blindlings nach Zerstörung; die eine Partei erklärt die Unverletzlichkeit des Eigentums als die Folge politischer Missstände, die andere Partei zieht gegen das Eigentum als politischen Missstand zu Felde. Beide Parteien verkennen gleichermaßen ihre wahren Interessen. Gott behüte, dass der Staat jemals einer von ihnen ausgeliefert sein sollte oder jemals die unglücklichen Folgen des Konflikts beider erfahren möge. Ich sehe kein solch schreckliches Ereignis eintreten. Denn zwischen den beiden Parteien steht eine dritte Partei, unendlich stärker als die beiden anderen zusammen, von beiden angegriffen, von beiden geschmäht, aber – und davon bin ich überzeugt – dazu bestimmt, beide vor den Folgen ihres törichten Tuns zu bewahren. In allen Wechselfällen der politischen Entwicklung habe ich niemals aufgehört, mit Vertrauen und Zuversicht auf diese Partei zu setzen. Ich spreche von jener großen Partei, die mit Eifer und Beharrlichkeit den ersten Gesetzesantrag zur Reform unterstützte und die zweifelsohne mit gleicher Beharrlichkeit und mit gleichem Eifer den zweiten Antrag für eine Reform unterstützen wird. Diese Partei ist die englische Mittelklasse, mit der Blüte der Aristokratie an ihrer Spitze und der Blüte der arbeitenden Klassen als Nachhut. Diese große Partei hat ihren festen Platz behauptet zwischen den Feinden aller Ordnung und den Feinden jeglicher Freiheit. Sie will die Reform, sie will nicht die Revolution; sie will politische Missstände beseitigen, sie wird nicht dulden, dass das Recht des Eigentums angetastet werde [...] und solange diese große Partei wie jetzt so auch weiterhin ungebrochen fortbesteht, solange werde ich die Hoffnung nicht aufgeben, dass diese große Auseinandersetzung mit gesetzlichen Mitteln zu einem guten Ende gebracht werden kann. Aber zugleich bin ich davon überzeugt, dass dieser Kampf einem raschen Ende zugeführt werden muss, gleich ob dieses Ende gut oder schlecht ist, gleichgültig ob dieses mit rechtmäßigen oder unrechtmäßigen Mitteln herbeigeführt wird. All das, was mich die Geschichte gelehrt hat, alle Schlüsse, die ich aus der Anschauung der gegenwärtigen Situation des Landes ziehe, haben mich zu der Überzeugung geführt, dass die Zeit gekommen ist, in England weitreichende Konzessionen gegenüber der Demokratie zu machen; demgegenüber ist die Frage nach den Vorteilen und Nachteilen einer solchen Veränderung von zweitrangiger Bedeutung. Gleichviel ob gut oder schlecht – es muss gehandelt werden – ein Gesetz von der Kraft eines Naturgesetzes zwingt uns dazu.

Zit. nach: Peter Wende, England als Vorbild Europas. Englische Verfassungs-, Sozial- und Wirtschaftsgeschichte 1688–1832, Stuttgart 1988, S. 39.

11 Das Parlament soll den offenkundigen Übeln abhelfen, *forderte eine Petition der Chartisten 1842:*

Die Petition [...] zeigt, dass die Regierung ihrem Ursprung nach bestimmt war, die Freiheit zu schützen, das Glück zu fördern und dem ganzen Volk verantwortlich zu sein. Dass die einzige Autorität, aufgrund derer eine Körperschaft von Menschen Gesetze erlassen und die Gesellschaft regieren kann, sich vom Volk herleitet. Dass alle in der Regierung gleich repräsentiert sein sollen, weil sie für die Wohlfahrt und den Schutz aller bestimmt ist und Gehorsam und Unterstützung von allen fordern muss. Dass jede Form der Regierung, die es versäumt, die Zwecke zu erfüllen, für die sie bestimmt ist und die nicht voll und ganz das ganze Volk repräsentiert, das gezwungen wird, Steuern für ihre Unterstützung zu bezahlen und den Gesetzen zu gehorchen, die es beschlossen hat, nicht verfassungsmäßig und tyrannisch ist und abgeschafft werden oder Widerstand finden sollte. Dass Ihr ehrenwertes Haus, so wie es sich jetzt zusammensetzt, nicht vom Volk gewählt wurde und handelt, ohne sich dem Volk gegenüber zu verantworten. Bis jetzt hat es nur Gruppen repräsentiert und die wenigen begünstigt, ohne Rücksicht auf das Elend, die Beschwerden und Petitionen der vielen. Ihr ehrenwertes Haus hat Gesetze verabschiedet, die im Gegensatz zu den ausgesprochenen Wünschen des Volkes standen und hat durch nicht verfassungsgerechte Mittel den Gehorsam ihnen gegenüber erzwungen, dadurch einerseits einen untragbaren Despotismus und andererseits Sklaverei geschaffen. [...] Dass die Bevölkerung Großbritanniens und Irlands zur Zeit über 26 Millionen Personen umfasst und dass doch bei den kürzlich stattgefundenen Wahlen für die Abgeordneten, welche die Gesetze erlassen, die das Ganze regieren, von dieser Zahl nur neunhunderttausend wählen durften. [...] Dass Bestechung, Einschüchterung, Korruption, Meineid und Aufruhr bei allen Parlamentswahlen vorherrschen, und zwar in einem Ausmaß, das die Mitglieder Ihres ehrenwerten Hauses selbst am besten kennen. Dass Ihre Bittsteller sich beschweren, dass sie hoch besteuert werden, um die Zinsen dafür zu bezahlen, was nationale Schuld genannt wird, eine Schuld, die sich gegenwärtig auf 800 Millionen Pfund Sterling beläuft und nur einen Teil jener enormen Summe darstellt, die in grausamen und teuren Kriegen für die Unterdrückung aller Freiheit ausgegeben wird, und zwar von Männern, die vom Volk nicht autorisiert sind. [...]. Dass in England, Irland, Schottland und Wales Tausende von Menschen aus Mangel sterben, und Ihre Bittsteller, die sich klar darüber sind, dass Armut der größte Anreiz für Verbrechen ist, beobachten in einem Gemisch aus Erstaunen und Erregung die schlechte Vorsorge für die Armen, Alten und Kranken; [...] Dass ihre Bittsteller die Aufmerksamkeit Ihres ehrenwerten Hauses auf die große Ungleichheit lenken möchten, die zwischen den Löhnen der produzierenden Millionen und den Gehältern jener bestehen, deren relative Nützlichkeit in Frage gestellt werden sollte, wo Reichtum und Luxus bei den Herrschenden vorherrschen und Armut und Hungertod bei den Beherrschten. [...]

Dass Ihre Bittsteller wissen, dass es das verfassungsmäßige unangezweifelte Recht des Volkes ist, sich frei zu versammeln, wann, wie und wo sie es wünschen, auf öffentlichen Plätzen, friedlich, am Tag, um ihre Beschwerden, politische oder andere Gegenstände oder um eine Abstimmung, Petition, Vorstellung zu entwerfen, zu diskutieren oder zu verabschieden, gleichgültig zu welchem Thema. Dass Ihre Bittsteller sich beschweren, dass dieses Recht entgegen der Verfassung verletzt worden ist. Fünfhundert wohlgesinnte Personen sind verhaftet worden, übertriebene Kautionen wurden verlangt, gegen sie wurde vom parteiisch zusammengesetzten Geschworenengerichten verhandelt, sie wurden zu Gefängnis verurteilt und als Verbrecher der übelsten Sorte behandelt. [...] Dass Ihre Bittsteller deshalb, indem sie ihr gerechtes Verfassungsrecht ausüben, fordern, dass Ihr ehrenwertes Haus den großen und offensichtlichen Übeln, über die sie sich beschweren, abhelfen und sofort, ohne Änderung, Verkürzung oder Ergänzung das Dokument in ein Gesetz verwandeln, das „Des Volkes Freibrief" betitelt und die Vertretung männlicher Erwachsener, geheime Wahl ohne Vermögensqualifikation, jährliche Parlamente, Bezahlung der Parlamentsmitglieder und gleiche Wahldistrikte fordert [...]

Zit. nach: David C. Douglas (Hrsg.), English Historical Documents. Volume XII (1). London 1956, S.447ff., Übers. v. W. Grütter

12 Stoneleigh Abbey in Warwickshire, ca. 1900, eines der repräsentativen Schlösser des englischen Adels auf dem Lande.

13 Billig erbaute Arbeiterreihenhäuser unter den Brücken des Waterloo-Bahnhofs. In der Regel bewohnten mehrere Familien jedes Haus. Zeichnung von Gustave Doré, Ende 19. Jahrhundert.
Die soziale Lage der Arbeiter änderte sich nur langsam. Auch am politischen Willens- und Entscheidungsprozess konnten sie mehrheitlich erst am Ende des 19. Jahrhunderts teilnehmen.

14 Die weitere Ausweitung *des Wahlrechts war in den 1860er-Jahren auch innerhalb der Liberalen Partei heftig umstritten. Als die regierende liberale Regierung 1866 einen Entwurf vorlegte, der den Wahlzensus in den boroughs von 10 auf 7 Pfund erniedrigen wollte, warnte ein Mitglied der eigenen Partei, Robert Lowe (1811–1892), vor den Gefahren einer Ausdehnung des Wahlrechts auf die Arbeiter. Im Unterhaus erklärte er im März 1866:*

Ist es nicht sicher, dass in wenigen Jahren die Arbeiterschicht in der Mehrheit sein wird? Ist es nicht sicher, dass Kräfte am Werke sind, die dazu führen werden, das Stimmrecht zu vervielfachen – dass die 6-Pfund-Haushalte 7-Pfund-Haushalte werden und die 9-Pfund-Haushalte sich zu 10-Pfund-Haushalten vergrößern werden? Ohne Zweifel gibt es starke Kräfte, die auf eine Ausdehnung des Wahlrechts drängen; deshalb [...] ist es gewiss, dass wir in den Wahlbezirken früher oder später die Arbeiterklasse in der Mehrheit finden werden. Schauen Sie, was dies bedeutet [...]. Wenn Sie Bestechlichkeit, wenn sie Dummheit, wenn Sie Trunkenheit wollen, und wenn Sie es fördern wollen, eingeschüchtert zu werden; oder wenn sie impulsive, gedankenlose und gewalttätige Leute wollen, wo finden Sie diese in den Wahlbezirken? [...] Wir wissen, was das für Leute sind, die in armseligen Häusern leben. [...] Das erste Stadium wird zweifelsohne ein Anstieg von Korruption, Einschüchterung und Aufruhr sein. [...] Das zweite Stadium wird sein, dass die Arbeiter Englands, wenn sie erkennen, dass sie die Mehrheit der Wählerschaft stellen, sich ihrer vollen Stärke bewusst werden werden.

Zit. nach: Robert Pearce/Roger Stearn, Government and Reform: Britain 1815–1918, 2. Aufl. London 2006, S. 58, Übers. L. Reumund

15 Die Merkmale der parlamentarischen Regierungsform *beschrieb das Mitglied der Liberalen Partei Earl Grey (1802–1894) 1858:*

Es ist das entscheidende Merkmal der parlamentarischen Regierungsform, dass sie die Ausübung der zur Krone gehörigen Macht durch Minister verlangt, die dann für den Gebrauch dieser Macht verantwortlich sind, die Mitglieder in beiden Parlamentskammern sein sollen, deren Verhandlungen sie im Allgemeinen zu leiten in der Lage sein müssen, und denen ihr Recht auf Bekleidung des Amtes nur soweit zugesprochen wird, wie sie das Vertrauen des Parlaments haben, insbesondere das Vertrauen des Unterhauses. Durch diese Zusammenhänge sind die Exekutive und die Legislative praktisch in den gleichen Händen vereint, jedoch sind beide begrenzt – die Exekutive durch das Gesetz und die Legislative durch die Notwendigkeit der Zustimmung des Parlaments zu den vorgebrachten Anträgen – sodass nicht einmal die stärksten Regierungen es wagen, Gesetzesvorlagen durchsetzen zu wollen, die von der öffentlichen Meinung entschieden abgelehnt werden. Die Ausübung dieser hohen Autorität unterliegt außerdem den Zügeln einer strengen Verantwortlichkeit und Kontrolle, und das Innehaben dieser Autorität ist abhängig von dem Vertrauen, welches die Volksvertreter den Ministern entgegen bringen, denen diese Autorität anvertraut wurde. [...] Im Vergleich der parlamentarischen Regierungsform, so wie sie heute in diesem Land besteht, mit anderen repräsentativen Regierungsformen, scheinen die Hauptvorteile der ersteren die Folgenden zu sein.

Erstens. – Sie befähigt die verschiedenen Staatsgewalten zur harmonischen und kraftvollen Zusammenarbeit und sorgt für die systematische Ausrichtung der gesetzgeberischen Maßnahmen auf Gegenstände des Gemeinwohls – in vollkommenerer Weise als andere Arten der repräsentativen Verfassung. Bei letzteren sind Exekutive und Legislative separaten und unabhängigen Autoritäten zugeordnet, während in der parlamentarischen Regierungsform diejenigen, denen die ausführende Gewalt anvertraut ist, auch die Pflicht haben, der Legislative die Maßnahmen zu empfehlen, die es durchführen sollte, und zurücktreten müssen, wenn ihre Empfehlungen nicht allgemein befolgt werden. Durch dieses System ist die ausführende Regierung befähigt, mit jener Kraft zu handeln, die nur die Sicherheit, dass ihre Politik bei Bedarf von der Legislative unterstützt wird, verleihen kann. [...]
Die Erhebung von Steuern und die Zweckbindung der Einnahmen an den öffentlichen Dienst stellen eine der

Hauptpflichten der repräsentativen Legislative sowie auch die Quelle ihrer Autorität dar. Bei der Ausübung dieser Komponente ihrer Pflichten ist es von äußerster Wichtigkeit, dass sie in absolutem Einvernehmen mit der ausführenden Regierung handelt, besser noch unter ihrer Führung. Ohne diese kann es keine Gewähr für Effizienz und Ökonomie in der Ausübung des öffentlichen Dienstes geben. [...]

Zweitens. – Eng verbunden [da]mit [...] ist jener Vorteil, den sie durch die Art und Weise hat, in der sie die Politik der ausführenden Regierung unter die Kontrolle und Prüfung der Gesetzgebung stellt. Das Parlament greift nicht direkt in die Arbeit der ausführenden Regierung ein; [...] Aber jede Maßnahme der königlichen Minister ist in beiden Häusern für Zensur offen, sodass bei gerechtfertigtem oder auch nur plausiblem Grund für einen Einspruch gegen irgendetwas, was sie getan oder unterlassen haben, sie sich der Aufforderung, ihr Verhalten zu rechtfertigen, nicht entziehen können. Durch dieses System wird denjenigen, denen Macht anvertraut wurde, klargemacht, dass sie diese Macht in einer Weise gebrauchen müssen, dass sie der Kritik von Gegnern standhalten können, die beständig nach eventuellen Fehlern Ausschau halten, und die gesamte Innen- und Außenpolitik der Nation unterliegt der Zerreißprobe durch freie Diskussion.

Die Diskussion über die Maßnahmen der ausführenden Regierung im Parlament trägt dazu bei, die Nation über die sie betreffenden Angelegenheiten stets aktuell informiert zu halten und deutlich zu machen, was im Hinblick auf die verschiedenen Fragen, die die Regierung bearbeiten muss, seine Pflichten und was seine wahren Interessen sind. Dies ist insbesondere nützlich im Hinblick auf die Beziehungen des Staates zu anderen Staaten. Die in diesem wichtigen Bereich der öffentlichen Angelegenheiten verfolgte Politik wird durch die Debatten im Parlament erklärt, und zwar nicht nur der Öffentlichkeit innerhalb des Landes, sondern der zivilisierten Welt; und so wirkt die Meinung der ganzen Welt auf die Nation und ihre Führer ein. [...]

Viertens. – Es ist ein weiterer Vorteil der parlamentarischen Regierung, dass sie die unvermeidlichen Machtkämpfe unter den Herren die Form von Debatten annehmen lässt – über die Politik, von der die Nation regiert werden soll, und über die Maßnahmen, die ihre wichtigsten Interessen berühren – und dass sie dadurch diese Streitigkeiten über solche mit eigennützigem und rein persönlichem Charakter erhebt.

Fünftens. – Die Art und Weise, in der unsere parlamentarischen Kämpfe geführt werden, hat den weiteren großen Vorteil, dass sie in hohem Maße dazu beiträgt, die gesamte Nation über alle Angelegenheiten in Kenntnis zu setzen, die ihre Interessen in hohem Grade berühren, sowie die öffentliche Meinung zu bilden und zu lenken. Wenn die Gemüter und Stimmungen der Leute nicht so sehr von den politischen Kämpfen erregt würden, wäre es unwahrscheinlich, dass sie, wie es der Fall ist, die im Parlament geführten Debatten lesen würden, in denen diese Angelegenheiten diskutiert werden und in denen [...] das leidenschaftliche Zusammenstoßen von Intellekten dennoch selten das Ziel verfehlt, die Wahrheit zu entdecken und den gesunden Menschenverstand über den Irrtum siegen zu lassen. [...]

Zit. nach: H.J. Hanham (Hrsg.): The Nineteenth-Century Constitution, 1815–1914. Documents and Commentary. Cambridge 1969, S. 13–16. Übers. L. Reumund.

16 Interessenvertretung im Unterhaus

a) Zusammensetzung des Unterhauses nach Interessengruppen 1832–1867 (Prozentuale Verteilung)

	Durchschnitt aller Parteien			Konservative	Liberale
Interessengruppen	1832	1867		Im Durchschnitt aller Wahlperioden von 1832 bis 1867	
Grundbesitz					
Industrie, Gewerbe,					
Verkehr					
Handel und Kredit	51	36	45	53	39
Beamte und Militärs	15	21	17	14	19
Freie Berufe, Erziehung	13	20	14	9	19
und Wissenschaft	12	11	12	14	10
Interessenvertreter	9	12	12	10	13
der Arbeiter	–	–	–	–	–
Insg.	100	100	100	100	100

b) Zusammensetzung des Unterhauses nach Interessengruppen 1868–1884 (Prozentuale Verteilung)

	Durchschnitt aller Parteien			Konservative	Liberale
Interessengruppen	1868	1884		Im Durchschnitt aller Wahlperioden von 1868 bis 1884	
Grundbesitz	34	26	30	41	23
Industrie, Gewerbe, Verkehr	23	26	25	19	28
Handel und Kredit	20	24	22	17	25
Beamte und Militärs	10	8	9	13	6
Freie Berufe, Erziehung und Wissenschaft	13	16	14	10	18
Interessenvertreter der Arbeiter	0	0	0	–	0
Insg.	100	100	100	100	100

c) Zusammensetzung des Unterhauses nach Interessengruppen 1885–1910 (Prozentuale Verteilung)

	Durchschnitt aller Parteien			Konservative	Liberale	Arbeiterpartei
Interessengruppen	1885	Dez. 1910		Im Durchschnitt aller Legislaturperioden von 1885–1910, Dez.		
Grundbesitz	18	13	16	21	10	–
Industrie, Gewerbe, Verkehr	30	28	31	26	37	–
Handel und Kredit	24	30	24	27	22	3
Beamte und Militärs	8	8	7	10	4	–
Freie Berufe, Erziehung und Wissenschaft	19	18	20	16	25	12
Interessenvertreter der Arbeiter	1	3	2	–	1	85
Insg.	100	100	100	100	100	100

d) Bevölkerung und Wählerschaft

Jahr der Volkszählung	England und Wales	Vereinigtes Königreich (ab 1921 Großbritannien und Nord-Irland)		
	Bevölkerung		Wahlberechtigte	
	Millionen			in % der Bevölkerung
1831	13,89	24,03	0,5	2,1
1832	14,00	24,30	1,0	4,2
1871	22,71	31,48	2,5	8,3
1881	25,97	34,88	3,0	8,3
1891	29,00	37,73	6,0	15,9
1911	36,07	45,22	8,0	17,9
1921	37,88	44,03	20,70	47,6
1931	39,95	46,04	29,96	66,7

Angaben nach: Hans Setzer, Wahlsystem und Parteienentwicklung in England, Frankfurt/M. 1973, S. 268–272.

17 Die Befugnisse des Monarchen *beschrieb der Verfassungstheoretiker und Journalist Sir Walter Bagehot (1826–1877) 1867:*

Um es kurz zu machen: Der Souverän hat, in einer konstitutionellen Monarchie wie der unsrigen, drei Rechte – das Recht konsultiert zu werden, das Recht zu bestärken, und das Recht zu warnen. Und ein König von großem Geist und Klugheit würde nicht mehr als diese verlangen. Er würde verstehen, dass gerade die Tatsache, dass er nicht mehr als diese Rechte hat, ihn befähigt, diese mit außergewöhnlicher Wirkung auszuüben. Er würde seinem Minister sagen: ‚Die Verantwortung für diese Maßnahmen liegt bei Ihnen. Was immer Sie für das Beste halten, muss getan werden. Was immer Sie für das Beste halten, hat meine volle und wirksame Unterstützung. Aber Sie werden es zur Kenntnis nehmen, wenn das, was Sie vorschlagen, aus dem einen oder anderen Grunde schlecht ist, und was Sie nicht vorschlagen, aus dem einen oder anderen Grunde besser ist. Ich widersetze mich nicht, es ist meine Pflicht, mich nicht zu widersetzen; aber nehmen Sie zur Kenntnis, dass ich Sie warne.' Angenommen, der König hat Recht und, was Könige häufig auszeichnet, die Gabe großer Ausdruckskraft, dann kann er es nicht verfehlen, seinen Minister zu bewegen. Er mag nicht immer seinen Kurs ändern, aber er wird ihn immer zur Besorgnis anregen.

Zit. nach: H.J. Hanham (Hrsg.): The Nineteenth-Century Constitution, 1815–1914. Documents and Commentary. Cambridge 1969, S. 32. Übers. L. Reumund

18 Repräsentation der Monarchie in der Öffentlichkeit. Feierlicher Umzug aus Anlass des Goldenen Thronjubiläums von Königin Victoria (1818–1901).

19 Die Bedeutung der Monarchie *beschrieb die Londoner „Times" im Sommer 1887 aus Anlass des goldenen Thronjubiläums von Königin Victoria am 19. Juni 1887:*

Inmitten eines Freudenausbruchs, der in der Erinnerung dieser Generation – oder gar vieler vergangener Generationen – beispiellos und unübertroffen ist, gipfelte das Thronjubiläum der Königin gestern in einem wahren Rausch von Feiern und Dankesreden. Eine solche Szene ist in ganz Europa selten zu erleben gewesen, und England wird etwas derartiges wahrscheinlich Jahrhunderte lang nicht mehr zu sehen bekommen. Wir haben uns bemüht, die äußeren Erscheinungen zu beschreiben. Aber nur, wer dabei war und miterlebt hat, kann diese wundersame Erregung und diese Freude begreifen. […] Das einzigartige Merkmal gestern war […] die vollkommene Einheit des gesamten Festzuges. Von dem Moment, als Ihre Majestät den Palast verließ, bis zu dem Moment Ihrer Rückkehr, passierte sie eine ganze Reihe riesiger Gänge, gesäumt von Hunderttausenden ehrerbietigen Untertanen. Die große Westminster Abbey war nur der Kern einer noch majestätischeren Kathedrale und einer überströmenden Gemeinde. Dies muss der vorherrschende Eindruck jener Tausenden gewesen sein, die sich ihren Weg durch die eifrige, strahlende Stadt bahnten. Der außerordentliche Zauber der feierlichen Zeremonie, an der sie teilhatten, lag darin, dass diese für eine unendlich viel größere Menge da draußen stattfand, die überall den Chor von Lobpreis und Dankesliedern ertönen ließ. Kein edlerer Schrein hätte gefunden werden können für dieses mächtige Herz, das schlägt im ganzen Land. […]

Zit. nach: English Historical Documents. Band XII (2): 1874–1914. Hrsg. von W.D. Handcock, London 1977, S. 37f. Übers. L. Reumund.

20 Karikatur „Rich Fare" aus dem Punch (1909): Der englische Schatzkanzler David Lloyd George (1863–1945) forderte die alten Eliten durch höhere Besteuerung ihres Reichtums zur Finanzierung sozialer Reformen offen heraus.

RICH FARE.

THE GIANT LLOYD-GORGIBUSTER: "FEE, FI, FO, FAT,
I SMELL THE BLOOD OF A PLUTOCRAT;
BE HE ALIVE OR BE HE DEAD,
I'LL GRIND HIS BONES TO MAKE MY BREAD."

21 Oberhaus und Unterhaus kämpfen um die Macht, 1909–1911

a) Der englische Schatzkanzler David Lloyd George (1863–1945) in einer Rede in Newcastle im Oktober 1909:

Machen wir ihnen klar, was sie da tun. Sie erzwingen eine Revolution. Aber die Lords werden eine Revolution anordnen, die vom Volk geführt werden wird. Wenn sie damit anfangen, werden Probleme aufgeworfen, die sie kaum vorhersehen können, Fragen werden gestellt, die heute noch vorsichtig geflüstert werden, und Antworten werden mit Nachdruck gefordert werden. Es wird die Frage gestellt werden: ‚Sollen 500 Männer, gewöhnliche Männer, zufällig ausgewählt aus denen, die keiner Erwerbsarbeit nachgehen, das Urteil – das wohl überlegte Urteil – von Millionen Menschen zunichte machen, die in der Industrie arbeiten, die den Reichtum des Landes ausmacht?' Das ist die eine Frage. Eine weitere wird sein: ‚Wer hat bestimmt, dass Wenige das Land Großbritanniens als eine Einnahmequelle besitzen dürfen, wer hat 10 000 Menschen zu den Eigentümern des Bodens gemacht und uns Übrige zu Unbefugten in unserem eigenen Heimatland erklärt; wer ist das, wer ist verantwortlich für dieses System, in dem ein Mann, der sein Leben lang harte Arbeit leistet, um sich seinen spärlichen und unsicheren Lebensunterhalt zu verdienen, am Ende seiner Tage von der Hand der Gemeinschaft, der er gedient hat, eine magere Rente von 8 Pence am Tag verlangt, diese nur durch eine Revolution erkämpfen kann, während ein anderer Mann, der nicht arbeitet, stündlich, Tag und Nacht, selbst im Schlaf, mehr bekommt als sein armer Nachbar für ein ganzes Jahr harter Arbeit bekommt? Wo kommt diese Gesetzestafel her? Wessen Finger hat sie beschrieben? Dies sind Fragen, die man stellen wird. Die Antworten bergen große Gefahr für die Ordnung der Dinge, welche von den Lords repräsentiert wird, aber sie sind beladen mit kostbaren und erfrischenden Früchten für die trockenen Lippen der Massen, die auf jener staubigen Straße laufen, auf der die Menschen das Mittelalter durchschritten haben. […]

Zit nach: Robert Pearce/Roger Stearn, Government and Reform: Britain 1815–1918, London 2006, S. 133f. Übers. L. Reumund

b) Die Londoner „Times" über das Verhalten der Lords im Dezember 1909:

[Die Lords machen Gebrauch von] einem unbestreitbaren und unverzichtbaren Recht, auf das sie lange Zeit nicht zurückgreifen mussten dank des klugen Maßhaltens, mit dem Staatsmänner aller Parteien im Großen und Ganzen unsere Verfassung behandelt haben. Dieses traditionelle Maßhalten […] wurde von der gegenwärtigen Regierung fallen gelassen; und so wurde das Oberhaus genötigt, entweder auf eine Waffe zurückzugreifen, die für äußerste Notfälle reserviert ist, oder sich als handlungsfähige zweite Kammer der Auslöschung preiszugeben. […] Noch nie zuvor gab es eine Regierung, die bewusst und offen die Politik verfolgte, das Recht des Oberhauses auf Ablehnung oder Ergänzung einer Gesetzesvorlage – die eine zeitweilige Mehrheit im Unterhaus verabschieden will, ungeachtet dessen, ob diese vom Volk gewünscht oder abgelehnt wird – zu beseitigen. Dies, und nichts anderes, ist jedoch die erklärte Politik der gegenwärtigen Regierung, und die Haushaltsvorlage ist nur der Gipfel einer bewusst eingeleiteten und kontinuierlich verfolgten Politik.

Zit nach: Robert Pearce/Roger Stearn, Government and Reform: Britain 1815–1918, London 2006, S. 134f. Übers. L. Reumund

(c) Der Führer der konservativen Lords, Lord Lansdowne (1845–1927), im Oberhaus 22. November 1909:

[…] Ich werde heute Abend nicht versuchen, die historischen Argumente ausführlich darzulegen, welche die langen Auseinandersetzungen zwischen den beiden Häusern des Parlaments hinsichtlich ihrer jeweiligen Privilegien veranschaulichen. Diese Auseinandersetzungen sind notwendigerweise wenig aufschlussreich, da naturgemäß beide Häuser ein Recht auf ihre eigenen Meinungen haben und die Meinung eines Hauses sich nicht einfach gegen die Meinung des anderen Hauses durchsetzen kann. Aber ich möchte […] eines zu bedenken geben: Gleich wenn Sie dem Anspruch des Unterhauses die höchste Bedeutung zumessen, werden Sie nicht bestätigt finden, dass dieser Anspruch dem Oberhaus das Recht nimmt, eine Gesetzesvorlage dieser Art abzulehnen. (Beifall.) Sie wissen sicherlich von den langen Kämpfen, die im siebzehnten und achtzehnten Jahrhundert zwischen den Häusern stattgefunden haben. Ich möchte nur eines von den vielen interessanten Dokumenten aus jener Zeit zitieren. Ich verweise diesbezüglich auf eine Stellungnahme des Unterhauses aus dem Jahre 1689, die auf der Annahme beruhte, dass die Bewilligung von Steuern allein ihm zustünde. Darin hieß es weiter „und die Lords haben nicht das Recht, solche Gewährung, Verleihung, Einschränkung, Ernennung oder Modifizierung durch das Unterhaus in Teilen oder in bestimmten Umständen abzuändern oder in eine solche Gesetzesvorlage in anderer Weise einzugreifen, als sie im Ganzen entweder zu verabschieden oder abzulehnen, ohne Änderung oder Zusatz, selbst wenn zugunsten der Betroffenen. So wie die Könige und Königinnen gemäß der Verfassung und der Parlamentsgesetze die Gewährungen, Verleihungen und sonstigen Dokumente des Unterhauses entweder im Ganzen annehmen oder im Ganzen fallen lassen müssen, so muss auch das Oberhaus entweder das Ganze absegnen oder das Ganze ablehnen, ohne Einschränkung oder Abänderung." Hier sehen Sie deutlich und ausdrücklich das Recht des Hauses dokumentiert, eine Gesetzesvorlage dieser Art abzulehnen.

Ich wage zu behaupten, dass, wenn dieses Recht im siebzehnten Jahrhundert für uns notwendig war, es heute erst recht unabdingbar für uns geworden ist. (Beifall.) Ich sage dies aus zwei Gründen. […] Damit meine ich erstens die Neigung, das Vorrecht des Unterhauses mit einem Maß an Strenge zu interpretieren, das es in früheren Zeiten meines Erachtens noch nie gegeben hat. […] Hinzu kommt die Angewohnheit […] in einem Gesetz eine größere Zahl von Maßnahmen zusammenzufassen, die höchst unterschiedliche Steuern betreffen.

Zit. nach: David C. Douglas, English Historical Documents. Band XII (2): 1874–1914. Hrsg. von W.D. Handcock, London 1977, S. 128f. Übers. L. Reumund

d) Rede des Erzbischofs von York am 30. November 1909

[…] Wir haben viele gute Argumente zum Beweis dafür gehört, dass dies ein schlechter Haushalt ist. Es ist unmöglich, das Gewicht dieser Argumente zu bestreiten, die von Männern mit so viel Erfahrung in öffentlichen Angelegenheiten, in der Landesverwaltung und im Führen von Geschäften vorgebracht wurden. Aber ich habe kein ausreichend überzeugendes Argument gehört, dass bewiesen hätte, dass der Haushalt schlecht genug ist, um das bisher beispiellose Verfahren zu rechtfertigen, welches der Ehrenwerte Marquis [Lansdowne] dem Haus empfohlen hat. (Beifall von Ministern.) Wir können nicht leugnen, dass dies ein nie da gewesenes Verfahren ist. Noch nie zuvor hat dieses Haus eine Haushaltsvorlage abgelehnt, die von einer überwältigenden Mehrheit des anderen Hauses vorgelegt wurde. [...] Man wird mich sicherlich darauf hinweisen, dass der Änderungsvorschlag des Ehrenwerten Marquis [Lansdowne] das Haus nicht dazu auffordert, den Haushalt abzulehnen, sondern nur, ihn dem Volk zu unterbreiten. Aber, meine Herren, Vorschläge müssen wie Menschen nicht nach ihren Absichten, sondern nach ihren Wirkungen beurteilt werden – nicht nach ihren Worten, sondern nach ihren Taten – und die Ablehnung des bewilligten Etats für das Jahr heißt die Ablehnung des Haushalts. (Beifall von Ministern.) Es gibt Anzeichen – nicht so sehr durch das, was in diesen Haus vorgetragen wird, als vielmehr durch das, was von jenen, die den Ehrenwerten Marquis [Lansdowne] unterstützen, im Land und in der Presse gesagt wird – dass das Gewicht dieser Streitfrage – dass der empfohlene Weg ohne jedes Beispiel ist – ihnen nicht besonders schwer im Magen liegt. Da gibt es Anzeichen einer Haltung, die besagt: „Wenn dies noch niemals getan wurde, dann ist es höchste Zeit, dass es einmal getan wird.“ [...] Das Althergebrachte ist das Fundament unserer parlamentarischen Ordnung; es ist das einzige Bollwerk, das wir gegen die Übergriffe solcher unerwarteter Triebkräfte haben, die, so stark und natürlich sie auch immer sind, wenn sie ungehemmt blieben, das Funktionieren einer ungeschriebenen Verfassung unmöglich machen würden. Aber hier geht es um noch mehr als das Althergebrachte. Zweifellos gibt es hinter dem Althergebrachten ein Prinzip, welches für das Funktionieren der Verfassung wesentlich ist. [...] Lassen Sie mich nur die Worte von Lord Chatham zitieren – denn sie bringen diese Position am besten auf den Punkt: „In der Gesetzgebung sind die drei Stände gleichermaßen beteiligt. Aber in der Steuerfrage ist die Mitwirkung der Lords und der Krone lediglich für die Einrahmung in Gesetzesform notwendig. Bewilligung und Gewährung sind allein Sache des Unterhauses. Die Unterscheidung zwischen Gesetzgebung und der Bewilligung von Steuern ist unabdingbar. (Beifall von Ministern.) [...]

Es liegt in der Luft (hört, hört), dass die Zeit nahe ist – wenn sie nicht schon gekommen ist – da die ganze Stellung einer zweiten Kammer in der Verfassung dieses Landes dem Urteil des Volkes unterworfen wird. Und keine Frage ist von größerer Bedeutung für das Land, als das Ergebnis dieser Volksentscheidung. Noch nie zuvor war die Notwendigkeit einer starken zweiten Kammer so groß wie in dieser Zeit. (Hört, hört.) Wäre nicht das Gewicht, mit dem dieses Haus eine solche Diskussion angeht, unendlich viel größer, wenn der Beweis dafür gegeben wäre – ein um so eindrucksvollerer Beweis, da er gegen die Interessen und die Neigung dieses Hauses geführt wurde – dass es bei der Verteidigung seiner Vorrechte in der Gesetzgebung mit äußerster Vorsicht darauf bedacht war, in der Frage der Erhebung von Steuern nicht in die Rechte des Volkes einzugreifen? (Hört, hört.) Es gibt eine Art von Mut, der sich Angriffen bereitwillig stellt, und es gibt eine andere Art von Mut, einen stärkeren, höheren Mut, der die Hand so lange hält, bis dem Angriff auf dem sichersten und festesten Boden entgegnet werden kann. Ich fürchte, es bringt nicht viel, als düsterer Prophet davor zu warnen, dass die Folge der Gesetzesänderung, so sie durchgeführt wird, nicht nur eine schwerwiegende Gefährdung des Anspruchs dieses Hauses auf die Kontrolle der Gesetzgebung wäre, sondern auch, dass dieses Gleichgewicht der Stände, von dem die ordentliche Regierung dieses Landes abhängt, gestört würde – vielleicht für lange Zeit. (Hört, hört.) Es würde eine Erschütterung von Handel und Gewerbe bedeuten [...], die jene Tendenzen, von denen die Ehrenwerten Lords so eindrucksvoll gesprochen haben, mit Sicherheit nicht abschwächen, sondern noch verstärken würde. Es würde die Aufschiebung – für lange Zeit – jener sozialen Reformen bedeuten, die die Ehrenwerten Lords auf beiden Seiten des Hauses so dringend wünschen. (Hört, hört.) Diese Risiken, meine Herren, schweben über diesem Haus. Ist es klug, sie nun durch den Änderungsantrag des Ehrenwerten Marquis heraufzubeschwören? [...]

Zit. nach: English Historical Documents. Band XII (2): 1874–1914. Hrsg. von W. D. Handcock, London 1977, S. 133. Übers. L. Reumund

e) Premierminister Herbert H. Asquith (1852–1928) bei der Einbringung der „Parlament Bill“ im Unterhaus 1910:

Was also wollen wir? [...] Wir wollen die Vorrangstellung dieses Hauses bei der Gesetzgebung in seiner vollkommenen Unversehrtheit, in den besten Interessen sowohl der Nation als auch des Reiches, bewahrt sehen – eine Vorrangstellung, die das mühsam erkämpfte Ergebnis aus Jahrhunderten von Konflikten und Fortschritten ist, und welches wir als den Notanker unseres repräsentativen Systems erachten. Aber es gibt auch Funktionen, die auf nützliche und ehrbare Weise, unbeschadet der Vorrangstellung dieses Hauses, von einer zweiten Kammer ausgeführt werden können: Fragen der Beratung, der Revision, und Fragen, die – wie ich es schon mehrfach gesagt habe – einer Sicherungseinrichtung, einem Aufschub, unterliegen. Das Organ, welches diese Funktionen unter Bewahrung der Vorrangstellung dieses Hauses ausführen soll, muss ein Organ mit einer relativ kleinen Anzahl von Mitgliedern sein. Es muss ein Organ sein, das, wenn es irgendeine Berufung für die Ausführung seiner Aufgabe haben soll, auf einer demokratischen Grundlage und nicht auf der Erbfolge beruht. Es muss ein Organ sein, das kraft seiner Entstehung und Zusammensetzung, seiner Atmosphäre und seiner verfassungsgemäßen Einstellung, nicht wie das Oberhaus von Vetternwirtschaft und panischen Launen beherrscht wird, sondern ein Organ, das vor der Meinung und dem Willen der Nation verantwortlich und von dieser abhängig ist, und sie repräsentiert. [...]

Grundlegende Änderungen in diesem Lande sind, wie nichts besser bestätigt als diese Kontroverse, nur langsam umsetzbar. Im letzten Parlament kannte man eine Anekdote, die ich in diesem Zusammenhang noch einmal wiederholen will. Man erzählte von einem jungen Mann, der 1906 als neues Mitglied des damaligen Unterhauses zum ersten Mal die Zeremonie der Parlamentseröffnung miterlebte. In der anderen Kammer sah er an einem Ende den König auf seinem Thron sitzend, am anderen Ende den Sprecher [des Unterhauses] [...] stehend. Dazwischen eine Szene unterdrückter, dennoch herrschaftlicher Prachtentfaltung, die den ungebrochenen Lauf der Jahrhunderte vor Augen führt und in der Fantasie zum Leben erweckt, während dieser allein wir, von allen Völkern der Welt, in der Lage waren, die Traditionen der Vergangenheit, die Bedürfnisse der Gegenwart, die Hoffnungen und Wünsche der Zukunft zu versöhnen und in Einklang zu bringen. Er war ein Mann von sehr fortschrittlichen Ansichten, und während er diesem einzigartigen und eindrucksvollen Spektakel zusah, fühlte er sich gezwungen, seinem Nachbarn, einem Manne gleicher Gesinnung wie er selbst, zuzuraunen: „Hier wird es eine Menge abzuschaffen geben.“ So ist es. Das war eine sehr scharfsinnige Beobachtung. Dennoch bin ich mir nicht sicher, ob er die

Lektion dieser Sache wirklich begriffen hat. Rein äußerlich her käme man sich zweifellos vor wie in die Zeit der Plantagenets zurück versetzt. Der Rahmen ist derselbe, der Schauplatz ist fast derselbe. Die Figuren der Szene – König, Lords, Richter und Abgeordnete – sind dieselben, zumindest dem Namen nach. Aber diese äußerliche und oberflächliche Übereinstimmung verschleiert eine Reihe der größten Transformationen, die in der konstitutionellen Erfahrungsgeschichte der Menschheit festgehalten sind. Der Souverän sitzt dort auf dem Thron von Königin Elisabeth, die, wie die Geschichte uns erzählt, einmal am Ende einer einzigen Sitzung, gegen nicht weniger als achtundvierzig von einundneunzig Gesetzesvorlagen, die beide Häuser passiert hatten, das königliche Veto einlegte. Dieses königliche Veto, das damals und noch lange danach ein aktiver und mächtiger Feind der Rechte des Volkes war, ist buchstäblich so tot wie Königin Anne. [...] Aber es gibt ein Element in der Verfassung, das, während alles andere sich verändert hat, noch immer gleich geblieben ist, unfähig zur Entwicklung, das ohne Autorität Macht besitzt und ausübt, und noch immer eine Bedrohung und ein Hindernis für eine fortschrittliche Gesetzgebung und Volksherrschaft darstellt. Das absolute Vetorecht der Lords muss dem Vetorecht der Krone folgen, damit der Weg frei sein kann für die Entstehung einer voll entwickelten und unbehinderten Demokratie.

Zit. nach: English Historical Documents. Band XII (2): 1874–1914. Hrsg. von W. D. Handcock, London 1977, S. 139–150. Übers. L. Reumund

22 Die Grundsätze der Konservativen Partei *formulierte ihr Führer Benjamin Disraeli (1804–1881) im Juni 1872 in einer Rede im Crystal Palace:*

Nun bin ich schon immer der Meinung gewesen, dass die Konservative Partei drei große Ziele hat. Das erste ist, die Institutionen des Landes zu erhalten – nicht aus irgendeinem Gefühl politischen Aberglaubens, sondern weil wir glauben, dass sie die Grundfesten verkörpern, auf denen allein ein Gemeinwesen wie England sicher ruhen kann. Die Grundlagen von Freiheit, Ordnung, Recht und Religion sollten weder der Meinung von Einzelnen noch der Laune und Stimmung der Massen preisgegeben werden, sondern sollten in einer beständigen und starken Form verankert sein. Wir verstehen unter der Monarchie die Ideen, die sie repräsentiert – die Hoheit des Gesetzes, die Rechtsprechung, die Quelle von Gnade und Ehre. Wir wissen, dass die beste Gewähr für die öffentliche Freiheit und eine gute Regierung in den gesetzgebenden Ständen und ihren Machtbefugnissen liegt. Wir glauben, dass ein nationales Glaubensbekenntnis nur von einer Staatskirche aufrecht erhalten werden kann, und dass keine Gesellschaft sicher ist ohne die öffentliche Anerkennung des gottgegebenen Schicksals der Welt und der jenseitigen Verantwortung des Menschen. [...]

Meine Herren, es gibt ein weiteres, zweites großes Ziel der Konservativen Partei. Wenn es das erste Ziel ist, die Institutionen des Landes zu erhalten, dann ist das zweite, meiner Meinung nach, die Erhaltung des Britischen Weltreiches. [...]

Meine Herren, ein weiteres großes Ziel der Konservativen Partei, welches nicht geringer ist als die Erhaltung des Reiches oder die Aufrechterhaltung unserer Institutionen, ist die Anhebung der Lebensumstände des Volkes. [...] Dies, meine Herren, ist eine große Aufgabe. Sie umfasst viele Bereiche. Dazu gehört der Zustand der Behausungen der Menschen, deren moralische Auswirkungen nicht weniger wesentlich sind als die leiblichen. Dazu gehört, dass den Menschen die Grundelemente der Natur – Luft, Licht und Wasser – zur Verfügung stehen. Dazu gehört die Regulierung ihrer Gewerbe, die Beaufsichtigung ihrer Arbeit. Dazu gehört die Reinheit ihrer Lebensmittel, und alles, was Mittel und Wege aufzeigt, durch die Sie den Leuten Angewohnheiten der Ungezügeltheit und Rohheit abgewöhnen könnten.

Zit. nach: H. J. Hanham (Hrsg.): The Nineteenth-Century Constitution, 1815–1914. Documents and Commentary. Cambridge 1969, S. 216. Übers. L. Reumund.

23 „Forced Fellowship", Punch: Nach 1900 wurden die englischen Liberalen zunehmend von der aufsteigenden Labour Party bedrängt.

FORCED FELLOWSHIP.

SUSPICIOUS-LOOKING PARTY. "ANY OBJECTION TO MY COMPANY, GUV'NOR? I'M AGOIN' YOUR WAY"—(*aside*) "AND FURTHER."

24 Die Politik der Liberalen Partei *beschrieb ein Artikel im ‚Fraser's Magazine' vom März 1874:*

Die Liberalen der alten Schule – jene, die, wie die letzte Wahl so deutlich gezeigt hat – viel wahrhaftiger als ihre extremen Parteigenossen die wirkliche Gesinnung der Nation repräsentieren – waren auf die Erhaltung des Friedens und die ehrliche Durchsetzung redlicher Einsparungen zugunsten der Erhaltung unserer traditionellen Institutionen erpicht. Sie haben ihre Ziele erreicht und sind zufrieden.

Nun sehen sie die Liberalen einer neuen Schule vehement und diktatorisch nach einer Vielzahl von Veränderungen streben, die ihrer politischen Überzeugung nicht entsprechen, und sind beunruhigt. Sie sind nicht geneigt, sich auf eine autonome Selbstverwaltung der Iren einzulassen, fragwürdige Experimente in der Bildung durchzuführen, die Masse des Volkes von angemessenen Beiträgen zum Staatshaushalt freizustellen, das Diktat der Gewerkschaften zu erdulden; und noch weniger sind sie bereit, jeden Eingriff in angemessene Eigentumsrechte auch nur für einen Moment zu gestatten – und sie glauben, in den Ansichten und mehr noch im Charakter des Herrn Gladstone die Wahrscheinlichkeit herauszulesen, dass er in Richtung all dieser Dinge gehen würde.

Zit. nach: Duncan Watts, Whigs, Radicals and Liberals, 1815–1914, London 2002, S. 99, Übers. L. Reumund.

25 Das Programm der Independent Labour Party, 1906–1907:

Das Ziel der Partei ist die Errichtung des Sozialistischen Staates, in dem Land und Kapital dem Gemeinwesen gehören und zum Wohle des Gemeinwesens benutzt werden und in dem auch der Austausch von Waren vom Gemeinwesen organisiert wird, um den höchstmöglichen Lebensstandard für den Einzelnen zu sichern. Zur Durchsetzung dieses Zieles soll es Teil der Internationalen Sozialistischen Bewegung sein.[...]

Da der eigentliche Zweck der Industrie die Produktion für die Bedürfnisse des Lebens ist, sollte die Verantwortung kollektiv vom Gemeinwesen getragen werden, weshalb –

das Land [...] zum öffentlichen Eigentum erklärt und als solches behandelt werden sollte;

das für den Industriebetrieb notwendige Kapital sich im Allgemeineigentum befinden und gemeinschaftlich genutzt werden sollte;

Arbeit und daraus resultierender Wohlstand gerecht über die Bevölkerung verteilt sein sollten.

Als Mittel zu diesem Zweck fordern wir, folgende Maßnahmen durchzuführen:

1. Eine Arbeitswoche von maximal achtundvierzig Stunden unter Beibehaltung aller derzeitig gültigen Feiertage sowie zusätzlich den am 1. Mai gesetzlich als Feiertag festzulegenden Tag der Arbeit.
2. Die Versorgung aller arbeitsfähigen und Arbeit suchenden Erwachsenen mit Erwerbsarbeit zu anerkannten Gewerkschaftstarifen, mit einem gesetzlichen Mindestlohn von einem Sixpence pro Stunde.

Um die Arbeitsuchenden mit einer einträglichen Anstellung zu versorgen, sollen Gemeinde-, Kreis-, Bezirks- und Grafschaftsräte die Befugnis erhalten –

(a) solche Industriegewerbe zu organisieren und aufzubauen, die sie für geeignet halten;
(b) Zwangsenteignungen von Land durchzuführen, Gebäude, Material und andere für diese Industrie erforderliche Dinge zu kaufen, zu bauen oder herzustellen;
(c) für jedes Gebiet Pachtwerte festzulegen und gegen die Sicherheit dieser Pachtwerte zu oben genannten Zwecken Kapital zu leihen.

3. Staatliche Renten für alle Personen im Alter von über fünfzig Jahren sowie angemessenen Unterhalt für alle Witwen und Waisen, kranken und behinderten Arbeiter.
4. Kostenlose, nicht-kirchliche, sittliche, Schul- und Hochschulbildung, mit kostenlosem Unterhalt während der Schul- oder Hochschulzeit.
5. Die Anhebung der Altersgrenze für Kinderarbeit mit dem Ziel ihrer endgültigen Abschaffung.
6. Verstaatlichung und Kontrolle des Alkoholausschanks durch staatliche Behörden.
7. Verstaatlichung und Kontrolle aller Krankenhäuser und Kliniken durch städtische Behörden.
8. Abschaffung der indirekten Besteuerung und schrittweise Übertragung aller staatlichen Schulden auf Einkommen aus Kapitalvermögen mit dem Ziel ihrer endgültigen Tilgung.

Die Independent Labour Party befürwortet das Erwachsenenwahlrecht, mit allen politischen rechten und Befugnissen auch für Frauen, sowie die sofortige Ausweitung des Wahlrechtes auf Fragen zu den gleichen Bedingungen wie sie für Männer gelten, einschließlich der dreijährlichen Parlamentswahlen und der Stichwahlen.

Zit. nach: H.J. Hanham (Hrsg.): The Nineteenth-Century Constitution, 1815–1914. Documents and Commentary. Cambridge 1969, S. 222–224. Übers. L. Reumund

26 Frauen fordern das Wahlrecht, Suffragetten-Demonstration in London, um 1905.

27 **Die Beteiligung von Frauen an der Politik ist ein Unglück,** *behauptete einer der führenden Liberalen, John Bright, in einem Brief an T. Stanton am 21. Oktober 1882:*

[...] Ich handle aus der Überzeugung, dass die Einbeziehung der Frauen in die Kämpfe des politischen Lebens ihnen großes Unglück bringen würde und dass auch für unser Geschlecht nichts Gutes dabei herauskommen kann. Wenn die Frauen unter der Verantwortung und Sorge ihrer Väter, Ehemänner, Brüder und Söhne nicht sicher versorgt sind, dann ist dies unserer Unzivilisiertheit geschuldet, nicht unseren Gesetzen. In dem Maße, wie die auf christlichen Fundamenten gegründete Zivilisation voranschreitet, werden die Frauen alles bekommen, was für sie richtig ist, auch wenn sie nicht in den Kämpfen der politischen Parteien mitstreiten. Nach meinen Erfahrungen habe ich bei vielen Frauen, die sich politischen Konflikten und Diskussionen leidenschaftlich hingegeben haben, böse Folgen beobachten können. Davor würde ich sie schützen. Wenn schon all die Männer einer Nation nicht in der Lage sind, den Volkswillen angemessen auszudrücken und die Interessen der Nation angemessen zu verteidigen, dann wird die zusätzliche Einbeziehung all der Frauen das Ergebnis nicht verbessern und dann ist das repräsentative System ein Fehler. [...]

Zit. nach: H.J. Hanham (Hrsg.): The Nineteenth-Century Constitution, 1815–1914. Documents and Commentary. Cambridge 1969, S. 280. Übers. L. Reumund.

28 **Gleiche Rechte für Frauen** *forderte die Frauenrechtlerin Emily Pankhurst, als sie sich 1908 für ihre Proteste vor Gericht verantworten musste:*

Wir glauben, wenn wir das Wahlrecht bekommen, würde das unseren unglücklichen Schwestern bessere Bedingungen schaffen. Viele Frauen landen vor diesem Gericht, die Sie niemals hier sehen würden, wenn sie die Chance hätten, moralisch und ehrlich zu leben. Das durchschnittliche Einkommen der Frauen, die in diesem Land ihr Brot verdienen, beträgt nur siebeneinhalb [Schilling] wöchentlich. Viele von uns haben jahrelang gearbeitet, um unserem Geschlecht zu helfen, und wir haben erkennen müssen, dass Verbesserungen nur auf dem Wege der Gesetzgebung erreicht werden können, und dass die entsprechende Gesetzgebung niemals vollzogen wird, solange wir nicht die gleiche Macht haben wie die Männer, Druck auf die Regierungen auszuüben, damit sie für uns die notwendigen Gesetze erlässt. [...]

Nein, das sage ich Ihnen freimütig, ich stehe ganz bestimmt nicht als eine gewöhnliche Gesetzesbrecherin vor Ihnen. Ich wäre niemals hier, wenn für mich die gleiche Art von Recht und Gesetz gelten würde, wie für die gemeinsten und niedrigsten Männer – die gleichen Rechte, die ein Mann hat, der seine Ehefrau schlägt, die gleichen Rechte, die ein Trunkenbold hat. Dies ist der einzige Weg, den wir haben, um das Recht zu erlangen, das jede Bürgerin haben sollte – das Recht, mitzubestimmen, wie die Steuern, zu denen auch sie beiträgt, verteilt sein sollten, und bis wir dieses Recht erlangt haben, werden wir hier stehen. Wir stehen heute hier, und wir werden immer wieder kommen. Selbst wenn Sie die Macht haben, uns ins Gefängnis zu stecken, nicht nur für sechs Monate, sondern für sechs Jahre, oder für unser ganzes Leben, darf die Regierung nicht meinen, sie könnte diese Bewegung aufhalten. Sie wird weitergehen. Wir werden den Sieg erringen.

Zit. nach: Sean Lang, Parliamentary Reform 1785–1928, London 1999, S. 166f. Übers. L. Reumund

29 **„Houses of Parliament" in London.** Außenansicht, Foto um 1890.

30 **Die Entwicklung Großbritanniens** *Demokratie im Urteil eines britischen Schulbuches (2006):*

Zweifellos gingen die Reformen zwischen 1832 und 1918 langsam und stockend vonstatten, und wer die Entfaltung eines demokratischen Systems als gewissermaßen ‚unvermeidlich' ansieht, sollte nicht vergessen, dass es einige Leute gab, die unermüdlich kämpften, um eine Veränderung herbeizuführen, und andere, um sie zu verhindern. [...]

Wir haben gesehen, dass die Veränderungen im Wahlsystem vor dem Hintergrund sozioökonomischer Entwicklungen entstanden, welche die demographische Karte Großbritanniens veränderten, und konkret durch eine Reihe einzelner legislativer Maßnahmen, von denen jede ihre eigenen und oft sehr komplexen Gründe hatte. Es ist jedoch möglich, drei übergreifend gültige Faktoren von zentraler Bedeutung herauszukristallisieren: Druck, Politiker und Prinzipien.

Druck kam von der Masse der nicht wahlberechtigten Männer und Frauen, die das Wahlrecht forderten, und von den Radikalen, die sie organisierten und ihnen als Sprachrohr dienten. Den Grad an Einfluss, den sie in bestimmten kritischen Zeitpunkten nehmen konnten, ist ein hoch kontroverses Thema. Es ist zugegebenermaßen schwer, allgemeine Aussagen über die Bedeutung dieses Drucks im Zeitraum von 1815 bis 1914 insgesamt zu treffen; ein paar Dinge können aber mit einiger Sicherheit festgestellt werden. Erstens, dass das politische Leben in Großbritannien ohne den Druck der Massen nicht diese demokratische Form angenommen hätte. Auch ist es wahrscheinlich, dass im Verlauf des 19. Jahrhunderts die Massenagitation für Reformen deutlich schwächer wurde, zumindest bei der Männerwahlrechtsbewegung. 1832 mag Großbritannien dicht vor der Revolution gestanden haben – diese Frage ist heftig umstritten –, aber nur Wenige haben behauptet, dass eine Revolution auch nach diesem Zeitpunkt jederzeit möglich war, selbst während der Frauenwahlrechtsbewegung vor 1914. Dennoch sollte man nicht davon ausgehen, dass solche Einflüsse gänzlich an Bedeutung verloren hätten. Vielmehr änderten sie nur ihre Form. Möglicherweise führte der Erfolg 1832 zu der Überzeugung, dass Reformen friedlich erreicht werden können; sicher sahen die Menschen in dem Maße, wie die Politik repräsentativer wurde, immer weniger Anlass für Straßenkämpfe. Jetzt konnte auf subtilere Weise Druck ausgeübt werden, über die ‚öffentliche Meinung', wie sie in Versammlungen, mit Wahlzetteln und in den Medien ausgedrückt wurde.

Der öffentliche Druck ist ein Faktor, der in keiner Analyse von politischen Reformen ignoriert werden darf. Dennoch waren es nicht die Massen oder die Radikalen, die die konkreten Bestimmungen der Reformgesetze entschieden. Wie stark der Druck von der Reformbewegung auch war, die Regierungen blieben an der Macht und trafen die konkreten Entscheidungen. [...]
Vielleicht waren die Reformen wohl überlegte Zugeständnisse der herrschenden Elite, um ihre Vorrangstellung so lange wie möglich zu halten und die wahrhaft demokratischen Forderungen der Radikalen zu umgehen. Wurden die Reformen eingeführt, um weiter reichende Reformen zu vermeiden? Waren Wahlrechtsreformen bloß zynische Versuche, Stimmen zu kaufen? Insgesamt mag die Folge der Reformserie zwischen 1832 und 1918 gewesen sein, dass Großbritannien in unmittelbare Reichweite zur Demokratie geführt wurde, aber dies war, außer ganz am Ende dieses Zeitraums, nicht die Absicht der Parteiideologen. Im Gegenteil sollten viele der Reformen dieses Zeitraums speziell dazu dienen, die Demokratie eher zu umgehen, als sie zu fördern. Die Entwicklung der Demokratie war also weitgehend unbeabsichtigt, und in diesem Sinne zufällig. Aus diesem Blickwinkel erscheint die Interpretation der Whigs naiv, wenn nicht gar hemmungslos idealistisch.

Eindeutig zollten viele Politiker den demokratischen Idealen nur Lippenbekenntnisse. Selbst nach 1918 gab es noch jene, die sich heimlich in die guten alten Zeiten zurück sehnten, in denen es nicht notwendig war, sich um die Stimmen der Massen zu bemühen; und vor diesem Datum war ‚Demokratie' für die Mehrheit der Politiker immer noch ein Schimpfwort. Nur sehr wenige Parlamentsmitglieder wollten das allgemeine Wahlrecht, und selbst das allgemeine Männerwahlrecht wurde nur von wenigen vertreten. Die Vorstellung, dass alle Männer, auch jene, die nur einen mageren Lebensunterhalt erhielten, an den Wahlen teilnehmen dürften, wurde von allen Regierungen des 19. Jahrhunderts heftig zurückgewiesen. Dennoch hatten viele Politiker auch ernsthafte Ideale: Sie mögen im Allgemeinen nicht unbedingt an vollständige Demokratie geglaubt haben, aber sie haben sich aufrichtig für ‚Freiheit' und ‚repräsentative Regierung' eingesetzt. Die Überzeugung, dass Regierungen ihre Rechtmäßigkeit aus der Zustimmung des Volkes – oder zumindest eines Großteils des Volkes – bezögen, wurde mit dem herannahenden zwanzigsten Jahrhundert immer fester verwurzelt. In diesem Maße wandelten sich die politischen Prinzipien innerhalb des 19. Jahrhunderts. Während zu Beginn des Jahrhunderts noch die Last bei den Reformern lag, ihrer Forderung nach Ausweitung des Wahlrechts Überzeugungskraft zu verleihen, lag am Ende des Jahrhunderts die Last der Verteidigung des Status Quo bei einer kleinen kämpferischen Minderheit. Nun sahen es die meisten der Politiker als selbstverständlich an, dass das Wahlrecht ausgeweitet werden sollte. Allmählich wurde die von Tom Paine vertretene Ansicht angenommen, dass die Menschen ein ‚Grundrecht' zu wählen hätten. Deshalb ist wahrscheinlich die Folgerung berechtigt, dass, wenn die Interpretation der Geschichte durch die Whigs idealistisch und nicht überzeugend ist, hingegen der Gedanke, dass die Demokratie einzig aus den egoistischen Taktiken undemokratischer Politiker resultierte, ungerechtfertigt zynisch ist.

Zit. nach: Robert Pearce/Roger Stearn, Government and Reform: Britain 1815–1918, 2. Aufl. London 2006, S. 79–81. Übers L. Reumund

Arbeitsvorschläge

1. Verfassen Sie einen Zeitungsartikel über die Rolle der Krone in der Geschichte Englands (M1, M2, M8, M9, M10, M17, M18, M21).
2. Erläutern Sie den Zusammenhang zwischen Besitz, Wahlrecht und politischem Einfluss in England (M8, M11, M12, M13, M14, M16).
3. Beschreiben Sie M3, M5, M9, M10 und M18: Suchen Sie nach Erklärungen für diese Form der Darstellung der Rolle der Krone.
4. Vergleichen Sie M7, M9, M12, M16 und M21 und schreiben Sie einen Essay über die Entwicklung und Bedeutung des Parlaments.
5. Vergleichen Sie die Programme der Parteien im Unterhaus (M22, M24 und M25). Informieren Sie sich im Internet oder einschlägigen Handbüchern über die Stellung der Parteien im Unterhaus und suchen Sie nach Erklärungen für deren zunehmende bzw. abnehmende Stärke. Beziehen Sie auch M20 und M23 mit ein.
6. Diskutieren Sie M27 und M28 und suchen Sie nach Erklärungen für die jeweilige Haltung.
7. Fertigen Sie eine Wandzeitung an über die wachsende Bedeutung der Öffentlichkeit im politischen Entscheidungsprozess: Beziehen Sie dabei M3, M5, M6, M30 mit ein.
8. Ziehen sie unter Einbeziehung von VT sowie M30 eine Bilanz der Entwicklung in England. Diskutieren Sie dabei die These vom „Mutterland der Demokratie".

3 Frankreich – Hort der Revolutionen?

21. Januar 1793 : Ein König wird hingerichtet

Am 21. Januar 1793, fast auf den Tag genau 144 Jahre nach der Hinrichtung des englischen Königs Karls I., wiederholte sich dieses Ereignis im Zentrum von Paris: Nach einem mehrwöchigen Prozess wurde der inzwischen abgesetzte französische König Ludwig XVI. (1754 – 1793) – oder der Bürger Louis Capet, wie ihn die Revolutionäre jetzt nannten – auf dem Place de la Revolution, dem heutigen Place de la Concorde, mit der Guillotine hingerichtet. Die Nationalversammlung hielt ihn für schuldig, gegen die öffentliche Freiheit und die Sicherheit Frankreichs verstoßen zu haben. Wenige Monate später fiel auch seine Frau Antoinette (1755 – 1793) an der gleichen Stelle der Revolutionsjustiz zum Opfer.

Diese Hinrichtungen, die nur zwei unter vielen waren, waren zweifellos die wichtigsten Ereignisse einer Revolution, die der Sturm auf die Bastille am 14. Juli 1789 ausgelöst hatte und deren Folgewirkungen zunächst Frankreich, bald auch ganz Europa erschüttern und – wenn auch in unterschiedlichem Tempo – verändern sollten:

26. August 1789: Die Nation ist der Souverän

„Der Ursprung jeder Souveränität ruht letztlich in der Nation", hieß es in der Erklärung der Menschen- und Bürgerrechte vom 26. August 1789. Dieser Grundsatz, der wenig später auch der Leitgedanke der ersten geschriebenen französischen Verfassung werden sollte, ist heute eine Selbstverständlichkeit. Im ausgehenden 18. Jahrhundert jedoch war er revolutionär, da er das überlieferte System absoluter monarchischer Herrschaft radikal infrage stellte. Das Zeitalter des Absolutismus war damit zunächst in Frankreich endgültig vorbei, das monarchische Prinzip musste allmählich der Idee der Volkssouveränität Platz machen; staatliche Gewalt wurde zugleich durch repräsentative Verfassungen eingehegt, die Gemeinschaft der Bürger am politischen Willens- und Entscheidungsprozess beteiligt. Gleiches galt für die überkommene ständische Ordnung: Leistung, nicht Geburt bestimmte in Zukunft die Stellung des Bürgers in Staat und Gesellschaft. Manches war unvollkommen, rechtliche Gleichheit bedeutete lange Zeit nicht soziale Gleichheit oder Gleichberechtigung aller bei der Teilnahme am politischen Leben, reaktionäre oder linksextreme Ideen gefährdeten den Weg in die Moderne immer wieder. Dennoch: Die französische Revolution machte diesen Prozess der Modernisierung von Staat und Gesellschaft unumkehrbar.

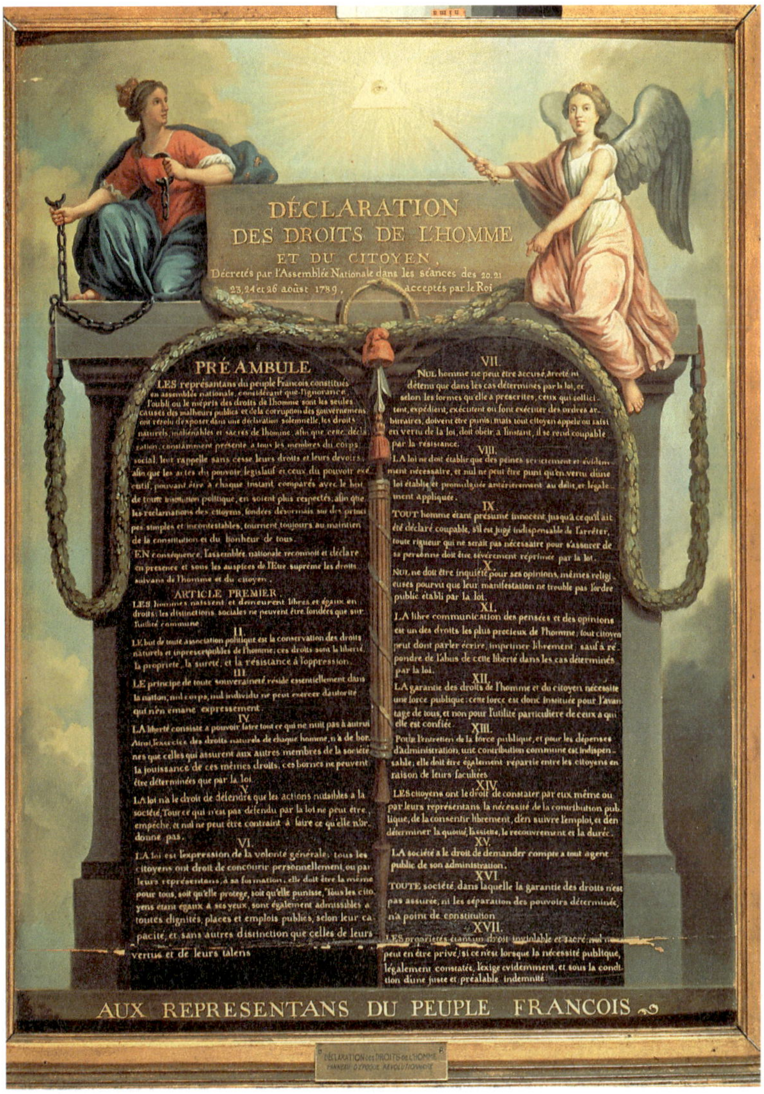

1 **Allegorie auf die Deklaration der Menschenrechte.** Gravure de Niquet le Jeune, 1797.

14. Juli 1789: Sturm auf die Bastille

Der Sturm der Bastille, das Symbol absolutistischer Herrschaft im Zentrum von Paris, durch die Bevölkerung machte deutlich, dass diese nicht mehr bereit war, die Verweigerung grundlegender Reformen durch die Regierung Ludwigs XVI. tatenlos hinzunehmen. Verantwortlich für den Unmut der Bevölkerung war die tiefe Krise des absolutistischen Systems, das in der Zeit Ludwigs XIV. (1638–1715) errichtet worden war. „L'Etat, c'est moi", hatte Ludwig XIV. behauptet. Konsequent hatte er versucht, Staat und Gesellschaft dem absoluten Willen des Herrschers unterzuordnen.

Dieses System zeigte sich im ausgehenden 18. Jahrhundert jedoch nicht mehr in der Lage, die größer werdenden Probleme des Staates zu bewältigen und zugleich das Streben größerer Teile der Bevölkerung nach mehr politischer Mitsprache zu unterdrücken. Eine äußerst kostspielige Hofhaltung, deren Sinnbild das Schloss von Versailles war, die Kosten der zahlreichen Kriege, die Frankreich selbst führte oder in die es sich einmischte, sowie wirtschaftliche Krisen und Missernten hatten nicht nur die Staatsfinanzen zerrüttet, sondern auch die Spannungen in der Gesellschaft verschärft. Versuche verschiedener Minister, durch die Abschaffung alter Feudalrechte wie der Frondienste für den König und der Binnenzölle, sparsamere Hofhaltung, die Einführung der Besteuerung des Adels sowie die Auflösung der Handwerkszünfte die Steuerlasten gerechter zu verteilen, die Bauern zu entlasten und den Handel zu fördern waren bereits im Ansatz am Widerstand des Monarchen selbst oder des Adels gescheitert. Während Ludwig XVI. das alte System erhalten wollte, versuchte der Adel, die Krise von Staat und Monarchie zu seinen Gunsten zu nutzen und seine unter Ludwig XIV. verlorenen Rechte wiederherzustellen. Zu diesen gehörte u. a. das Recht, auf der Versammlung der Generalstände, die seit 1614 nicht mehr einberufen worden waren, vom König gehört und an allen Entscheidungen beteiligt zu werden. Altständisches Denken und die von den Aufklärern vertretene Idee der Gewaltenteilung waren für diese Forderung gleichermaßen verantwortlich.

In Anbetracht des drohenden Staatsbankrotts gab Ludwig XVI. dem wachsenden Druck nach und berief die Generalstände für den 1. Mai 1789 nach Versailles ein. Bereits die Wahlen zur Versammlung der Generalstände ließen erkennen, dass es zwischen den Ständen einerseits, diesen und dem König andererseits zu heftigen Konflikten kommen würde. Insbesondere der dritte Stand, der Großbürger und Handwerker, Besitzer von Manufakturen, Klein- und Großbauern sowie besitzlose Tagelöhner umfasste, war angesichts der großen Masse der Bevölkerung, die er repräsentierte [ca. 28 Millionen], nicht bereit, die überlieferte Ständeordnung zu akzeptieren. Der Klerus, der erste Stand, umfasste nur 120 000, der Adel 450 000 Personen. Gleichwohl hätten beide Stände in der Versammlung der Generalstände jederzeit den dritten Stand überstimmen können.

Die Forderung des dritten Standes nach einer Abstimmung nach Köpfen, nicht nach Ständen, war daher unmittelbar dafür verantwortlich, dass es zu einem Grundsatzkonflikt zwischen Krone und drittem Stand kam. Ludwig XVI., der die im Vorfeld der Einberufung zugestandene Verdopplung der Zahl der Abgeordneten als ausreichend ansah, war nicht bereit, die überlieferte Ständeordnung grundsätzlich in Frage stellen zu lassen. Im Verlauf dieses Konflikts erklärten sich die Vertreter des dritten Standes am 17. Juni 1789 zur Nationalversammlung. Während Teile des niederen Klerus sich dieser Erklärung anschlossen, rief der König den Adel zum Widerstand auf. Als der König auch noch den bisherigen Versammlungsraum sperrte, versammelten sie die Vertreter des dritten Standes im Versailler Ballhaus und schworen am 20. Juni 1789, nicht eher auseinander zu gehen, „bis die Verfassung des Königreichs ausgearbeitet ist und auf festen Grundlagen ruht". Dieser „Ballhausschwur" war der erste revolutionäre Akt, da dem König von der Nationalversammlung das Recht abgesprochen wurde, die Ständeversammlung nach Belieben einzuberufen, zu vertagen oder aufzulösen. Ludwig XVI. wich zwar zurück und erlaubte die Vereinigung aller Stände wenig später. Während die Nationalversammlung darin das Signal sah, sich nunmehr als „verfassunggebende Nationalversammlung" zu konstituieren und damit den Anspruch nach einer dauerhaften Bindung des Monarchen an ein Rechtssystem zu unterstreichen, betrachtete Ludwig XVI. die von ihm gemachten Zugeständnisse jedoch als unverbindlich. Die Zusammenziehung von Truppen um Paris zeigte, dass der König offenbar bereit war, seine Macht notfalls mit Gewalt zu sichern.

Schwierigkeiten bei der Versorgung von Paris und anderer großer Städte heizten die Stimmung in der Bevölkerung, die sich von mehr politischer Freiheit auch mehr soziale Gerechtigkeit erhoffte, weiter an. Am 14. Juli stürmte eine aufgebrachte Volksmenge schließlich die Bastille.

Dieser Sturm auf die Bastille war ein Fanal; innerhalb weniger Tage war ganz Frankreich in Aufruhr. In den folgenden Monaten überstürzten sich die Ereignisse. Wichtig für die weitere Entwicklung von Demokratie und Parlamentarismus in Frankreich waren zahlreiche grundsätzliche Entscheidungen. Am 4./5. August beschloss die Nationalversammlung die Abschaffung aller Feudallasten, bald darauf auch die des Kirchenzehnts. Eine Kommission bereitete zugleich die Modernisierung der Verwaltung und damit verbunden die Einteilung Frankreichs in Départements vor. Sie hob das Edikt von Nantes von 1685 auf, das die Protestanten unterdrückt hatte, und gewährte 1791 auch den Juden die gleichen Rechte als Staatsbürger. Am 26. August 1789 verabschiedete die Nationalversammlung schließlich in Anlehnung an englische und amerikanische Vorbilder die Erklärung der Menschen- und Bürgerrechte.

Die Weigerung des Königs, diese Beschlüsse anzuerkennen, war letztlich erfolglos. Aufgebrachte Pariser Frauen zwangen ihn vielmehr bereits im Oktober 1789, von Versailles nach Paris überzusiedeln. Dort tagte seitdem auch die Nationalversammlung. Diese legte schließlich im Sommer 1791 die erste geschriebene Verfassung für Frankreich vor. Aus einer vormals absoluten wurde eine konstitutionelle Monarchie, in der sich der König dem Willen der Nation unterwarf und in der die Gewalten entsprechend den Lehren Montesquieus geteilt waren. Ausdruck der Souveränität des Volkes war die Legislative. Das Recht, diese zu wählen bzw. in diese gewählt zu werden, war jedoch an festgelegte Vermögensgrenzen gebunden. Nur 4,3 von insgesamt 7 Millionen Männern waren daher sogenannte Aktivbürger, die die ca. 45 000 Wahlmänner wählten, die dann die 745 Abgeordneten wählten.

Ludwig XVI. hat sich nur unter massivem Druck bereit erklärt, den Eid auf diese Verfassung zu leisten, die ihm durch die strikte Trennung von Legislative und Exekutive gleichwohl erheblichen Spielraum ließ. Er allein ernannte die Regierung und war Oberbefehlshaber der Armee. Durch sein aufschiebendes Veto konnte er zugleich die Arbeit der Legislative erheblich behindern. In der Praxis hat sich diese erste Verfassung des modernen Frankreich nach ihrem Inkrafttreten am 4. September 1791 nicht mehr bewähren können. Verantwortlich dafür war zunächst das ungeschickte Verhalten des Königs, der immer wieder deutlich machte, dass er nicht bereit war, sich mit den gewandelten Verhältnissen abzufinden. Bereits im Sommer 1791 hatte Ludwig XVI. versucht, mit seiner Familie zu fliehen, war aber vor der Grenze erkannt und nach Paris zurückgebracht worden. Diese Flucht wie auch das Verhalten der anderen Monarchen Europas erweckten den Eindruck, dass diese gemeinsam die Revolution bekämpfen wollten. Im April 1792 brach dieser von den alten Mächten gewollte Krieg schließlich aus. Die allgemeine Erregung über den Einmarsch der verbündeten Armeen Österreichs und Preußens in Frankreich offenbarte nicht nur die inzwischen weit fortgeschrittene Politisierung der Bevölkerung, sondern führte schließlich auch zur Suspendierung, dann Absetzung, Festnahme und Hinrichtung Ludwigs XVI.

21. September 1792: Frankreich wird Republik

Am 19./20. September gelang es den französischen Revolutionstruppen, den Vormarsch der verbündeten preußischen und österreichischen Truppen bei Valmy aufzuhalten. „Von hier und heute geht eine neue Epoche der Weltgeschichte aus, und ihr könnt sagen, ihr seid dabei gewesen“, schrieb Johann Wolfgang von Goethe, der dieses Gefecht beobachtet hatte. Er sollte Recht behalten: Am 21. September 1792 wurde die Monarchie abgeschafft und die Republik ausgerufen. Wie sehr diese Entscheidung den endgültigen Bruch mit der Vergangenheit offenbaren sollte, zeigte die Tatsache, dass gleichzeitig eine völlig neue Zeitrechnung einführt wurde. Aus dem Jahre 1792 wurde das Jahr I der Republik, eine Regelung, die bis in die napoleonische Zeit beibehalten wurde; Monate und Tage wurden nach dem Dezimalsystem neu gegliedert und umbenannt.

Diese Entscheidungen hatte jedoch nicht mehr die erste nach Inkrafttreten der Verfassung von 1791 gewählte Legislative getroffen, sondern der auf der Grundlage eines weitgehend demokratischen Wahlrechts neu gewählte Nationalkonvent. Dieser hatte die alte Nationalversammlung abgelöst. Deren Zusammensetzung war von den Ereignissen überholt worden. Triebkräfte eines Weitertreibens der Revolution waren auf dem Lande Bauern, die die notwendigen Mittel zur Ablösung der Feudallasten nicht aufbringen konnten und daher gegen Abgaben und Steuern „streikten“. In den Städten ging die Radikalisierung von den Sansculotten, Angehörigen klein- und unterbürgerlicher Schichten, deren Lage von jeher prekär war, aus. Nach dem Vorbild der Pariser Sansculotten organisierten sich diese schließlich landesweit in permanent tagenden Sektionen. Ihre rote Mütze, die sich an antiken Vorbildern orientierte, die Kokarden in den Nationalfarben blau-weiß-rot, ihre langen Hosen und die Pike als Wahrzeichen der Volksgewalt galten bis weit ins 19. Jahrhundert hinein im positiven wie im negativen Sinne als äußere Zeichen revolutionärer Bestrebungen.

Das Zusammentreten des Nationalkonvents bedeutete freilich nicht, dass sich die innenpolitische Lage stabilisierte. Im Gegenteil: Die verschiedenen Gruppierungen und Parteien, die sich im Verlauf der Revolution in „Clubs“ organisiert hatten, allen voran Girondisten und Jakobiner, bekämpften sich untereinander. Die Jakobiner, die sich jedoch immer wieder in verschiedene Richtungen spalteten, verbündeten sich dabei schließlich mit den Sansculotten, die sich im Sommer 1793 erfolgreich gegen die gemäßigten Girondisten erhoben hatten. Mit den Mitteln des Terrors, der als Ausdruck der Volksjustiz legitimiert wurde, gingen sie gegen alle inneren und äußeren Feinde der Republik vor. Allein in Paris fielen über 2 000 Menschen der Guillotine zum Opfer, ca. 17 000 wurden in den folgenden Monaten in den Provinzen zum Tode verurteilt, die Gesamtzahl der Hingerichteten wird auf ca. 40 000 geschätzt; 200 000 Franzosen wurden Opfer des Bürgerkrieges, der das Land im Innern zerriss. Die Verfassung des Jahres I [1793] hatte der vorherrschenden radikalen Stimmung entsprechend einen

2 Krönungszeremonie nach alten Vorbildern: Napoléon Bonaparte krönt sich in Anwesenheit des Papstes am 2. Dezember 1804 zum Kaiser. Gemälde von Jacques-Louis David, 1806/07.

radikaldemokratischen und egalitären Grundzug: Im Unterschied zur Verfassung von 1791 betonte diese ausdrücklich, dass „die Souveränität [...] im Volk [nicht in der Nation] [liege]; sie ist eins, unteilbar, unwandelbar und unveräußerlich." „Das souveräne Volk", so hieß es weiter, „ist die Gesamtheit der französischen Bürger." Alle Männer waren daher nun wahlberechtigt. Sie wählten eine Legislative, die weitaus stärker war als die Exekutive. Um den demokratischen Gedanken zu stärken und Machtmissbrauch zu verhindern, trat die Legislative nur für ein Jahr zusammen, um über Gesetze zu beraten, die dann nochmals in einem eigenen Verfahren dem Volk zur Abstimmung vorgelegt wurden. Die Jakobinerverfassung, wie die Verfassung von 1793 auch genannt wird, versuchte aber nicht nur den Gedanken der direkten Demokratie zu stärken, sondern auch den Gleichheitsanspruch der Menschenrechtserklärung von 1789 zu verwirklichen. Erstmals wurden soziale Grundrechte festgelegt: das Recht der Armen auf Unterstützung, das Recht auf Arbeit sowie das Recht auf Bildung. Hinzu kam – nach den Erfahrungen des Jahres 1792, in dem erstmals alle Bürger zur Verteidigung des Vaterlandes zu den Waffen gerufen worden waren – die Verankerung der allgemeinen Wehrpflicht in der Verfassung. Einzelne Gesetze wie die entschädigungslose Abschaffung aller Feudalabgaben, die Aufteilung des Kirchengutes und der Vorrang, der dem Existenzrecht vor dem Eigentumsrecht eingeräumt wurde, waren weitere Kennzeichen eines „jakobinischen Egalitarismus" (Elisabeth Fehrenbach).

Die Chance, sich zu bewähren, hat die Verfassung von 1793 nicht erhalten. Unmittelbar nachdem sie im August 1793 in einer direkten Volksabstimmung angenommen worden war – 1,8 Millionen Wähler hatten mit ja, 11 000 mit nein gestimmt, ca. 5–7 Millionen Wahlberechtigte hatten sich aber enthalten -, wurde diese vom Nationalkonvent bereits bis zum Abschluss eines Friedens außer Kraft gesetzt. Die eigentliche Macht lag in dieser verfassungslosen Zeit daher beim Sicherheits- und Wohlfahrtsausschuss, der unter Führung von Maximilian de Robespierre (1758–1794) zunehmend diktatorisch regierte. Erst dessen Hinrichtung am 9. Juli 1794 beendete nicht nur die zunehmend als Terrorherrschaft empfundene Regierung der Jakobiner, sondern leitete auch eine neue Phase der Revolution ein: Aus der Republik der Jakobiner wurde eine Republik der Besitzenden. Doch auch die dritte Verfassung, die sich Frankreich im Jahre III (1795) gab, hatte nur vorläufigen Charakter.

Von der Republik zur Monarchie: 1795–1804

Erst am 2. Dezember 1804, einem weiteren symbolträchtigen Datum in der Geschichte Frankreichs, sollte das Land – wenn auch nur vorläufig – wieder zur Ruhe kommen. An diesem Tag setzte sich Napoléon Bonaparte in Anwesenheit des Papstes in der Pariser Kathedrale von Notre Dame die Kaiserkrone auf. Aus der Republik wurde wieder eine Monarchie. Die französische Verfassung – es handelte sich um die sechste seit 1791 – war bereits im Mai entsprechend geändert worden. Verfassungspolitisch war dieser Wandel der endgültige Abschied von vielen Idealen der französischen Revolution, auch wenn die Fassaden der Repräsentativverfassung und des allgemeinen Wahlrechts aufrechterhalten blieben.

Verantwortlich für diese Entwicklung war zunächst das Scheitern aller Versuche, nach dem Ende der Schreckensherrschaft der Jakobiner die innenpolitische Lage in Frankreich zu stabilisieren, eine funktionierende parlamentarische Ordnung zu errichten sowie Ruhe und Ordnung aufrechtzuerhalten. Wirtschaftliche Krisen und Aufstandsversuche von Sansculotten und Royalisten hatten die Republik nicht zur Ruhe kommen lassen. Ein Staatsstreich war zeitweilig dem anderen gefolgt. Allein die Armee sicherte die Herrschaft des Direktoriums, das die Führung der Republik übernommen hatte. Bereits im September 1797 hatte einer der erfolgreichsten französischen Generale, Napoléon Bonaparte (1769–1821), dieses mit Waffengewalt vor einer Entmachtung durch die Rechten schützen müssen, ohne dadurch jedoch die innenpolitischen Verhältnisse dauerhaft zu stabilisieren. Im November 1799 hatte Napoléon mit Unterstützung einiger Mitglieder des Direktoriums schließlich erneut einen Staatsstreich unternommen und sich von dem noch bestehenden Parlament – dem sogenannten „Rat der 500", dessen Präsident einer seiner Brüder war –, das Amt des ersten von drei Konsuln zunächst für zehn Jahre übertragen lassen. Die Macht der gewählten Volksvertretung, deren Einfluss bereits in der Zeit des Direktoriums erheblich zurückgedrängt worden war, wurde in der neuen Verfassung des Jahres VIII (1799) drastisch beschnitten. Die noch vorhandenen bzw. neu geschaffenen legislativen Institutionen hatten eher den Charakter von Akklamations- als von Entscheidungsorganen.

Verantwortlich für diese Entwicklung war nicht allein die Tatsache, dass Napoléon ein General war, der für die Republik erfolgreich Krieg geführt hatte: Belgien und Teile Oberitaliens standen seit 1797 direkt oder indirekt unter französischer Herrschaft. Kaum weniger wichtig war die Tatsache, dass Napoléon bereit war, die sozialen Errungenschaften der Revolution – die bürgerlich-liberale Eigentumsordnung, die Zerstörung des Feudalsystems, die Abschaffung der Privilegien und die Trennung von Staat und Kirche – zu respektieren. Damit half er, alte und neue Schichten miteinander zu versöhnen und schuf sich damit eine – vorerst – stabile Herrschaftsgrundlage.

Vor diesem Hintergrund konnte Napoléon die Friedensschlüsse von Lunéville (1801) mit Österreich und Amiens (1802) mit Großbritannien, die die vielen Revolutionskriege vorerst beendeten, sowie den wirtschaftlichen Aufschwung seit 1800 geschickt nutzen, um sich 1802 in einer Volksabstimmung – einem Plebiszit – zum Konsul auf Lebenszeit wählen zu lassen. Die zugleich geänderte Verfassung – die fünfte seit 1791 – stärkte die Position des Ersten Konsuls, dessen Stellung nunmehr de facto bereits monarchische Züge hatte. Die Macht, die ihm die neue Verfassung verlieh, überstieg dabei bei weitem die eines konstitutionellen Königs, da er über die aus drei Kammern bestehende Legislative de facto nahezu uneingeschränkt herrschte. Er allein verfügte nicht nur über das Recht der Gesetzesinitiative, sondern konnte diese Kammern jederzeit einberufen, vertagen oder ganz auflösen. Eine gut funktionierende Geheimpolizei sicherte die Macht des Ersten Konsuls im Innern.

Eine frühzeitig aufgedeckte Verschwörung von Anhängern der alten Monarchie sowie den erneuten Ausbruch des Krieges mit Großbritannien nutzte Napoléon 1804, um aus dem Konsulat eine erbliche Monarchie zu machen. Nachdem ein erneutes Plebiszit die Änderung der Verfassung bestätigt hatte, krönte Napoléon sich 1804 in Paris zum Kaiser. Während Napoléon I. damit seine eigene Stellung und die seiner Familie endgültig absichern wollte, hofften die ihn unterstützenden Kräfte in Politik, Gesellschaft und Wirtschaft, dass die

Umwandlung Frankreichs in eine erbliche Monarchie dazu beitragen würde, dieses in das monarchisch geprägte europäische Staatensystem einzufügen. Allein der Kaisertitel – „Empereur des Français" – erregte Aufsehen, doch dieser war zum einen bewusst gewählt worden, um den Eindruck zu vermeiden, dass das Rad der Geschichte zurückgedreht worden sei. Zum anderen versuchte Napoléon I. durch den Rückgriff auf alte merowingische und karolingische Symbole und Traditionen, seiner Herrschaft eine eigene historische Legitimität zu verschaffen. Sein demonstrativer Besuch des Aachener Doms, in dem der Sarkophag wie auch der Thron Karls des Großen standen, unterstrich, dass er sich als dessen eigentlicher Nachfolger verstand. Diese Bemühungen, eine kaiserliche Monarchie zu begründen, hinderten Napoléon I. jedoch nicht, gleichzeitig an viele Traditionen der alten Monarchie anzuknüpfen. So ließ er sich die alten königlichen Schlösser übertragen, ernannte kaiserliche Präfekten und schuf schließlich auch einen neuen Adel. Hinzu kamen ein kaiserlicher Hochgerichtshof, der Vergehen gegen den Staat, aber auch Amtsverfehlungen hoher Beamter ahnden sollte. Das weiterhin bestehende, in Wirklichkeit aber machtlose Parlament wurde weitestgehend umgangen. Es war schließlich nur noch ein Phantom, da es sich nicht mehr als Gesamtgremium, sondern nur noch in Sektionen versammeln durfte. Napoléon I. regierte zunehmend mithilfe von Dekreten bzw. Beschlüssen des Senats. Letzterer wurde zwar in einem komplizierten Verfahren gewählt, dessen Mitglieder waren aber in Wirklichkeit von Napoléon I. abhängig, da er diesen großzügig materielle Vergünstigungen aus beschlagnahmtem Kirchengut gewährte bzw. ihnen lukrative Posten [Konsul-, Minister-, Kommissarstellen] verlieh. Die Ernennung aller Prinzen der kaiserlichen Familie und anderer von ihm abhängiger Mitglieder des Kaiserreichs, des Empire, stärkten seine Position weiter. Hinter allem stand die Armee, auf die Napoléon I., zumindest so lange er erfolgreich war, sich uneingeschränkt verlassen konnte. „Mit der Verfassung des Jahres XII [1804]", so der Verfassungshistoriker Peter Claus Hartmann, „war die Entwicklung abgeschlossen, die Frankreich zu einem diktatorischen Militärregime machte, das in der Praxis absoluter war als das monarchische Regime eines Ludwig XIV."

Ein Wesenselement dieser Herrschaft war das Bestreben, Frankreich eine neue rationale Ordnung zu geben. So organisierte Napoléon I. die lokale Verwaltung Frankreichs neu, ebenso die Armee und die Marine sowie die Finanzverwaltung. Neue Gesetzbücher wie der „Code civil" von 1804 und der „Code pénal" von 1810 vereinheitlichten das Zivil- und das Strafrecht; das Verhältnis von Kirche und Staat wurde neu geregelt und auch das Unterrichts- und Bildungswesen wurden reorganisiert und zentralisiert. Auch wenn Napoléon I. damit zunächst seine eigene Stellung sichern wollte, trugen viele dieser Maßnahmen zur Modernisierung Frankreichs bei, und sie prägen teilweise bis heute den Alltag der Franzosen.

Kaisertum, Königtum oder Republik? Frankreich 1814/15–1914

Die militärischen Niederlagen Napoléons I. 1812/15 waren schließlich maßgeblich dafür verantwortlich, dass seine Herrschaft zusammenbrach und er 1815 nach dem Scheitern des Versuchs, erneut die Macht zu übernehmen, endgültig ins Exil gehen musste. Frankreich blieb dabei eine Monarchie. An deren Spitze stand nunmehr jedoch wieder ein König – der Bruder des hingerichteten Königs Ludwig XVI., Ludwig XVIII. [1755–1824]. Die Restauration der Monarchie der Bourbonen bedeutete aber nicht, dass damit auch die Zustände der Zeit vor 1789 wiederhergestellt wurden. Nach dem Ende der diktatorischen Herrschaft Napoléons I. knüpfte die neue monarchische Legitimität an zentrale Ergebnisse der Revolution von 1789 an: Die Gleichheit vor dem Gesetz blieb gewahrt, individuelle Freiheitsrechte, Meinungs-, Presse- und Religionsfreiheit wurden zugesichert. Auch wenn Ludwig XVIII. im Gegensatz zu seinen Vorgängern die Verfassung im Juni 1814, die sogenannte „Charte constitutionelle", aus eigener Machtvollkommenheit erließ und diese daher nicht vom Volk legitimiert worden war, blieb die Macht des zwischen monarchischer Exekutive und gewählter Legislative regierenden Monarchen in Zukunft rechtlich gebunden. Dazu gehörte auch eine strikte Gewaltenteilung. Die Exekutive blieb wie 1791 zwar weiterhin in der Hand des Königs, das Parlament, das aus zwei Kammern – einer Pairskammer, deren Mitglieder vom König ernannt, und einer Deputiertenkammer, deren Abgeordnete nach dem Zensuswahlrecht indirekt gewählt wurden – bestand, hatte aber erheblich umfangreichere Befugnisse als in den Jahren zuvor.

3 Krönung von Karl X. in der Kathedrale von Reims am 28. Juni 1825. Porcelaine de la manufacture de Sèvres, 1825.

Bedeutsam war insbesondere die Tendenz zur parlamentarischen Regierung, da Exekutive und Legislative zum Funktionieren des Systems gezwungen waren zusammenzuarbeiten. Allein durch das Recht, die Deputiertenkammer jederzeit aufzulösen, konnte der König versuchen, das Parlament in seinem Sinne zu beeinflussen. Dieses wiederum besaß durch die Bestimmung, dass ohne seine Zustimmung keine Steuern erhoben werden konnten, jedoch einen nicht unbedeutenden Hebel, um seinen Einfluss tendenziell zu vergrößern.
Diese Verfassung, die sich am englischen Vorbild orientierte, war ein Kompromiss zwischen dem monarchischen Prinzip und liberalen Vorstellungen. Während die darin enthaltenen Zugeständnisse für die Anhänger des alten Regime das Maximum darstellten, sahen die Liberalen darin das Minimum dessen, das der Monarch ihnen nach den vorangegangenen Entwicklungen hatte zugestehen müssen. Diese Spannung zwischen traditionellen und modernen Vorstellungen über das Verhältnis von Staat und Gesellschaft sollte die weitere Entwicklung in Frankreich wie auch in vielen deutschen Staaten, denen die „Charte constitutionelle" als Vorbild diente, prägen.
Unter Ludwig XVIII. blieben ernsthafte Konflikte aus. In der Regel ernannte dieser Minister, die das Vertrauen der Kammern besaßen, und auch von seinem Auflösungsrecht machte er keinen Gebrauch. Hinzu kam, dass die seit der Revolution erweiterte, wenn auch politisch inhomogene aristokratisch-bourgeoise Führungsschicht, die mit den bestehenden Verhältnissen zufrieden war, die Verfassung als ein Mittel betrachtete, sich nach unten gegen die demokratischen und populären Bewegungen abzugrenzen und diese von der Macht fernzuhalten.
Als König Karl X. (1757–1836), der 1824 die Nachfolge seines verstorbenen Bruders Ludwigs XVIII. angetreten hatte, jedoch im Laufe seiner Regierung versuchte, den Herrschaftskompromiss von 1814/15 infrage zu stellen und zur alten absolute Monarchie so weit als möglich zurückzukehren, kam es innerhalb kurzer Zeit zum offenen Konflikt zwischen Krone und Regierung auf der einen, dem Parlament und der hinter diesem stehenden Bevölkerung auf der anderen Seite. Im Gegensatz zu seinem Bruder war Karl X. nicht bereit, die inzwischen eingebürgerten, wenn auch verfassungsrechtlich nicht festgelegten, Spielregeln des parlamentarischen Regierungssystems einzuhalten. 1827 und im Sommer 1830 machte er zudem von dem Recht Gebrauch, das Parlament vorzeitig aufzulösen in der Hoffnung, durch Neuwahlen willfährige Mehrheiten zu erhalten.
Die Spannungen im Innern, die sich im Zuge einer allgemeinen Wirtschaftskrise und von Missernten, die die soziale Lage breiter Schichten verschlechterten, weiter verschärften, entluden sich schließlich im Sommer 1830 in der „Juli-Revolution". Äußerer Anlass dafür war der Versuch Karls X., durch eine Reihe von Gesetzen, die dem Geist der „Charte constitutionelle" widersprachen, die Pressefreiheit einzuschränken, die soeben erste gewählte Deputiertenkammer mit ihrer liberalen Mehrheit aufzulösen und das Wahlrecht zu ändern.
Karl X. musste daher abdanken; doch im Gegensatz zu großen Teilen der Pariser Bevölkerung, die jetzt die Republik forderten, lehnte die Mehrheit des Bürgertums diese Staatsform weiterhin ab. Dahinter stand die Furcht vor einer erneuten Schreckensherrschaft der Jakobiner und, damit verbunden, sozialen Umwälzungen. Frankreich blieb daher eine Monarchie, wenn auch unter einem anderen König, Louis Philippe, Herzog von Orléans, (1773–1850) einer Nebenlinie der Bourbonen. Einziger Tribut an den revolutionären Gedanken war die Ersetzung der bisherigen Fahne mit dem Wappen der Bourbonen – dem Lilienbanner – durch die Trikolore der Revolutionäre von 1789 sowie die Änderung des Titels: Der König hieß nunmehr – wie bereits 1791 – König der Franzosen, nicht mehr König von Frankreich. Im Unterschied zur Verfassung von 1814/15, die Ludwig XVIII. altem monarchischen Selbstverständnis folgend noch „gewährt" hatte, betonte die Verfassung, die ansons-

4 «**La Liberté guidant le peuple**», Gemälde von Eugène Delacroix 1831.

5 Der Königsthron wird von den Aufständischen am 24. Februar 1848 auf den Platz der Bastille geschleppt, Zeitgenösische Kolorierte Lithographie

ten nur unwesentlich geändert wurde, ausdrücklich den Gedanken der Volkssouveränität. Diesem Gedanken entsprechend erhielten die Kammern jetzt auch neben dem König das Recht der Gesetzesinitiative. Auch ihre Verhandlungen waren nunmehr öffentlich. Das Wahlrecht hingegen trug dem Gedanken der Volkssouveränität jedoch keine Rechnung. Die Macht in Politik und Gesellschaft verblieb vielmehr in den Händen der gleichen sozialen Schicht wie zuvor – einer Mischung aus Bürokratie, Plutokratie und Landbesitzern. Die innenpolitische Lage in Frankreich blieb daher instabil: In Paris wie auch an anderen Orten kam es immer wieder zu kleineren oder größeren Unruhen und Arbeitskämpfen, die gewaltsam niedergeschlagen wurden. Die Regierung reagierte darauf mit drastischen Maßnahmen wie der Einschränkung der Vereins- und Pressefreiheit, die zumindest vorläufig der allgemeinen Politisierungswelle die Spitze abbrachen.
Einzelne Reformen wie die Einführung des allgemeinen Volksschulunterrichts oder auch das staatliche Reformengagement in der Wirtschaftspolitik, das der Industrialisierung Frankreichs den Boden bereitete, änderten nichts an der instabilen Lage der „Julimonarchie". Die Frage einer Erweiterung des Wahlrechts war neben dem Versuch des Königs, durch die Verleihung von Staatsämtern an Abgeordnete ein ihm gefügiges Parlament zu bekommen, schließlich eine der Ursachen für den Zusammenbruch des Regimes. Da die Regierung Louis Philippes, des sogenannten „Bürgerkönigs", alle Forderungen nach Reformen des Wahlrechts ablehnte, brach im Februar 1848 im Gefolge einer erneuten Wirtschaftskrise eine Revolution aus. Diese beseitigte die Monarchie und ersetzte sie durch eine Republik. Bürgerkriegsähnliche Unruhen, vor allem der Aufstand Pariser Arbeiter im Sommer 1848, hatten zur Folge, dass die neue Verfassung zwar eine republikanische war, der an deren Spitze stehende Präsident jedoch über umfassende Befugnisse verfügte. Erster Präsident der Republik war der Neffe Napoléons I., Louis-Napoléon (1808–1873). Nach dem Vorbild seines Onkels drängte dieser die vergleichsweise starke Nationalversammlung allmählich zurück, ließ am symbolisch bedeutsamen 2. Dezember 1851 – dem Krönungstag seines Onkels – oppositionelle Abgeordnete verhaften und alle strategisch bedeutsamen Orte von der Armee besetzen, um sich dann wie sein Vorbild zunächst zum Präsidenten auf Lebenszeit ernennen, 1852 schließlich zum Kaiser krönen zu lassen.
Die Verfassung des Konsulats bzw. des Kaiserreichs, des „Empire", wurde dabei teilweise bis ins Detail der Konsulatsverfassung von 1799 angepasst. Zu den wenigen Ausnahmen gehörte u. a. das allgemeine Wahlrecht, das jedoch eine andere, noch zu erläuternde Funktion hatte. Die in drei Kammern zersplitterte Legislative – der Senat, dessen Mitglieder ernannt wurden, das „Corps législatif", dessen Abgeordnete gewählt wurden, sowie der „Conseil d'Etat" (Staatsrat), dessen Angehörige ebenfalls ernannt wurden – spielte in diesem System, wie zuvor in der Zeit seines Onkels, kaum eine Rolle. So hatte das „Corps législatif" weder das Recht zur Gesetzesinitiative noch zu parlamentarischen Anfragen; es durfte seinen Vorstand nicht selber wählen und hatte auch keinerlei Möglichkeit, die Öffentlichkeit zu mobilisieren.
Die Stellung des Präsidenten, dann des Kaisers, der die Exekutive darstellte, überragte daher alle anderen Gewalten. Zusammen mit dem „Corps législatif" bildete er nicht nur die Exekutive, sondern er war dieser – anders als in der Restaurationsmonarchie – in keiner Weise verantwortlich. Er konnte dieses vielmehr jederzeit einberufen, vertagen oder auch auflösen sowie in einem Plebiszit sich zudem jederzeit an das Volk, den eigentlichen Souverän, wenden und seine Politik billigen lassen. Mithilfe dieser Konstruktion versuchte Napoléon III., wie Louis-Napoléon sich seit 1852 nannte, Demokratie und Absolutismus miteinander zu verbinden. Kennzeichen dieses „kaiserlichen Autoritarismus" (Jean Favier) war zunächst die machtpolitische Vorrangstellung der monarchischen Exekutive und ihrer Hauptinstrumente, Armee und Bürokratie. Hinzu kamen die Einschränkung der Rechte des Parlaments, die Errichtung eines wirksamen Polizeisystems, das jede Opposition im Keim zu ersticken versuchte, die Unterordnung der allgemeinen Verwaltung unter die Herrschaft des Kaisers sowie die Einschränkung der Pressefreiheit, um die öffentliche Meinung besser kontrollieren zu können.

In den 1850er-Jahren übte Napoléon III. auf dieser Grundlage trotz des allgemeinen Wahlrechts zunächst eine nahezu uneingeschränkte Diktatur aus. Äußere und innere Entwicklungen wie die Italien-, Wirtschafts- und Handelspolitik des Kaisers stärkten jedoch seit Ende der 1850er-Jahre allmählich die Opposition. Jetzt zeigte sich allmählich die Kehrseite des Systems des Bonapartismus: Ungewollt hatte dieser die politische Selbstorganisation gefördert, die, wenn auch zunächst zögerlich, ihre Interessen in Parteien und der Presse zu artikulieren versuchte. Schrittweise machte Napoléon III. daher Zugeständnisse; die Rechte des „Corps législatif" wurden erweitert, die der anderen an der Gesetzgebung beteiligten Gewalten hingegen eingeschränkt. 1870 besaß Frankreich schließlich eine parlamentarisch verantwortliche Regierung. Die Stellung des Kaisers innerhalb dieses Systems war aber dennoch weiterhin stark. Er war weiterhin Oberkommandierender der Armee, erklärte den Krieg, schloss Verträge und ernannte alle Beamte. Unter seinem Vorsitz tagten die Minister, und in Konfliktfällen konnte er jederzeit direkt an das Volk appellieren. Die zeitweilige innere Krise schien mit diesen 1869/70 durchgeführten Reformen daher überwunden. Der Versuch, das Ansehen Napoléons III. und seiner Regierung durch einen Krieg gegen Preußen grundlegend zu verbessern, scheiterte jedoch mit der militärischen Niederlage der kaiserlichen Armee am 2. September 1870 bei Sedan.

Nach einem erneuten Aufstand der Pariser Bevölkerung wurde Frankreich bereits am 4. September 1870 wieder eine Republik. Diese fand allerdings erst nach dem blutig niedergeschlagenen Commune-Aufstand von 1871 und dem Ende der Auseinandersetzungen zwischen Republikanern, untereinander zerstrittenen Monarchisten und Bonapartisten Mitte der 1870er-Jahre ihre endgültige Form. Kennzeichen der anfänglichen Instabilität der Republik waren die über mehrere Jahre sich hinziehenden Bestrebungen, die Monarchie – sei es unter einem Nachfolger Ludwigs XVI., sei es unter einem Erben des „Bürgerkönigs" Louis-Philippe oder auch unter Napoléon III. – zu erneuern. Erst Mitte der 1870er-Jahre, als der letzte Angehörige des Hauses Bourbon die Anerkennung der Trikolore als Staatsfahne abgelehnt hatte, entschied sich das Parlament mit der Mehrheit von einer Stimme für die republikanische Staatsform.

An der Spitze der Republik Frankreich stand ein mit umfangreichen Befugnissen ausgestatteter, von Senat und Nationalversammlung, nicht vom Volk direkt gewählter Präsident, dem ein aus zwei Kammern – dem Senat, dessen Mitglieder teilweise ernannt, teilweise gewählt wurden, und der Deputiertenkammer, deren Abgeordnete gewählt wurden – bestehendes Parlament gegenüber stand. Kennzeichen dieser Verfassung, die vieles unbestimmt ließ, waren ein Gleichgewicht der Gewalten, die Pluralität der Staatsorgane und ein Dualismus der Kammern. Der Präsident, der ursprünglich über eine starke Stellung verfügte, wurde im Laufe der Zeit jedoch zunehmend zu einer reinen Repräsentationsfigur. Seit Ende der 1870er-Jahre ernannte dieser nur Regierungen, die das Vertrauen des Parlaments besaßen; von dem ihm theoretisch zustehenden Recht, dieses aufzulösen, machte er keinen Gebrauch, da dies als antirepublikanisch galt. Der eigentliche Souverän war daher die Deputiertenkammer.

Trotz zeitweilig erheblicher innerer Spannungen zwischen Republikanern und Monarchisten, Radikalen und Konservativen blieb die Republik im Innern stabil. „Die Möglichkeit, diese Verfassung ohne große Schwierigkeiten zu revidieren, sollte jedoch, gemäß der sich verändernden politischen und sozialen Verhältnisse und der Verschiebung der Kräfte, zur Festigung und endgültigen Installierung der Republik führen." (Peter Claus Hartmann) Erst 1940, als deutsche Truppen Frankreich überfielen und ein ihnen gefügiges autoritäres System errichteten, sollte diese – die III. – Republik untergehen.

Wahlen und Wahlrecht

So lang der Weg Frankreichs von der absoluten Monarchie zur modernen Republik war, so lang war auch der Weg zu einem demokratischen Wahlrecht. Verantwortlich dafür war, dass die Besitzenden lange Zeit versuchten, aus Sorge vor einer Umverteilung des Eigentums die Besitzlosen von der politischen Macht fernzuhalten. „Es ist unmöglich, dass alle Menschen politische Rechte haben, deshalb muss man die davon ausschließen, die nichts besitzen, denn im Allgemeinen setzt die Armut das Nichtstun und die Faulheit voraus", schrieb einer der Väter der Verfassung von 1795, die die Republik der Besitzenden begründete. Die Schreckensherrschaft der Jakobiner, deren Egalitarismus und die mit deren Herrschaft einhergehende Politisierung der Massen hatte diese Furcht genährt, und bis in die Mitte des 19. Jahrhunderts sollte sich an dieser Einstellung nichts ändern. Unterschiedliche Zensusbestimmungen, die Unterscheidung von Aktiv- und Passivbürgern, für die wiederum ein anderer Zensus galt, sowie komplizierte indirekte Wahlverfahren hielten die Mehrheit der Bevölkerung lange Zeit von der Wahl und damit von der Beteiligung am politischen Willensbildungs- und Entscheidungsprozess fern: So waren 1791 von ca. 27 Millionen Einwohnern immerhin 4,3 Millionen Männer wahlberechtigt; 1814 waren es nur 100 000 von ca. 29 Millionen, 1830 gerade einmal 200 000 Männer von ca. 32 Millionen Einwohnern. Nach dem Wahlgesetz von 1791 erfüllten beispielsweise nur 45 000 Männer die Kriterien, um als Wahlmann einen Abgeordneten wählen zu können; 1817 umfasste der Kreis der wählbaren Abgeordneten nur noch 15 000 Personen. Nach 1830 wurde der Zensus für das passive Wahlrecht zwar gesenkt; große Teile selbst des besitzenden Bürgertums blieben jedoch weiterhin ausgeschlossen.

6 Blutige Niederschlagung des Commune-Aufstandes. Tausende gefangene Aufständische werden in Paris 1871 hingerichtet.

7 Der Triumph der Republik, Gemälde nach dem Sturz von Napoleon III.

Wenn es in Frankreich dennoch bereits unter Napoléon I. das allgemeine Wahlrecht gab bzw. die Bevölkerung zu Volksabstimmungen – Plebisziten – aufgerufen wurde, dann war für dieses Verhalten nicht der Wille ausschlaggebend, das Volk entsprechend den Spielregeln einer modernen Demokratie am politischen Willensbildungs- und Entscheidungsprozess zu beteiligen, sondern die Absicht, der eigenen Politik eine demokratische Fassade zu geben. Geschickt nutzten Napoléon I. wie auch sein Neffe alle Möglichkeiten der Beeinflussung von Wahlen bzw. Plebisziten durch die Regierung bzw. deren Repräsentanten vor Ort, den Präfekten. Während Napoléon I. dabei vor allem von seinen militärischen Erfolgen profitierte, kamen Napoléon III. lange Zeit der Nimbus seines großen Onkels, die fehlende Popularität des Parlaments und der darin vertretenen Abgeordneten, die Uneinigkeit der monarchistischen Rechten und die Deportation bzw. das freiwillige Exil von Anhängern der Republik sowie ebenfalls einige außenpolitische Erfolge – allen voran die Siege im Krimkrieg 1853 – 56 und in Italien 1859 – zugute. In dem Moment, indem, wie 1870, der ihn umgebende Nimbus endgültig durch die schwere militärische Niederlage verloren ging, stürzte auch das von ihm errichtete bonapartistische System in sich zusammen.
Die III. Republik behielt zwar das allgemeine Wahlrecht bei, beschränkte dieses jedoch weiterhin auf die Männer. Obwohl Frauen bereits in der Revolution von 1789 eine bedeutende Rolle gespielt und aktiv das Wahlrecht gefordert hatten, blieben sie bis ins 20. Jahrhundert von den Wahlen ausgeschlossen. Erst 1944, mit der Errichtung der IV. Republik nach dem Sturz der autoritären Vichy-Regierung und der Befreiung des Landes von der nationalsozialistischen Besatzung, sollten sie das Wahlrecht erhalten.

Parteienentwicklung
Im Gegensatz zu Großbritannien können die Parteien in Frankreich auf keine bis in die frühe Neuzeit reichende Tradition zurückblicken. Geburtsstunde aller Gruppierungen war erst die Revolution von 1789. Unterscheidungsmerkmale waren seit dieser Zeit zunächst die jeweilige Auffassung von der „Souveränität" des Volkes sowie damit zusammenhängende Vorstellungen von einer monarchischen, oligarchischen oder demokratischen Ordnung. Die Sitzordnung in der Nationalversammlung spiegelte diese Unterschiede zwischen Linken, Rechten und Angehörigen der Mitte bereits wider. Die soziale Zusammensetzung dieser Gruppierungen – „Clubs", wie sie anfänglich hießen – wie auch deren programmatische Vorstellungen hinsichtlich der Rolle des Königs, der Bedeutung des Begriffs „Egalité" (Gleichheit) sowie den Prinzipien einer repräsentativen bzw. einer direkten Demokratie – waren jedoch lange Zeit diffus und erheblichen Änderungen unterworfen. Aus Anhängern der Linken der Anfänge der Revolutionszeit wurden bald Bewahrer, die von weiter links stehenden Kräften – Sansculotten, schließlich den Anhängern eines radikalen Frühsozialisten, François Babeuf – links überholt wurden. Diesen gegenüber standen konservative Royalisten, die zu den Zuständen vor 1789 zurückkehren wollten, und Anhänger des Bürgertums, allen voran die Girondisten, die mit dem 1789 bzw. 1791/92 Erreichten zufrieden waren. Unter Napoléon I. schließlich spielten diese Gruppierungen, die sich zeitweilig gegenseitig blutig bekämpft hatten, ohnehin keine Rolle.
Mit der Rückkehr der Bourbonen 1814 vollzog sich in Frankreich eine tiefe Spaltung zwischen der royalistischen Rechten und denjenigen, die – soweit möglich – an den Errungenschaften der Revolution festhalten wollte. Diese wiederum unterschied sich in Anhänger der konstitutionellen Monarchie und Republikaner, liberale, an 1789 sich orientierende, und eher egalitäre, von den Vorstellungen von 1793 geprägte Kräfte. In der Zeit nach 1830 dominierten jene rechtsliberalen Kräfte, die in der Herrschaft des besitzenden Bürgertums den Abschluss einer langen, seit dem Mittelalter andauernden Emanzipation dieses Standes sahen. Republikaner und Frühsozialisten wurden daher mit allen Mitteln zurückgedrängt. So wurde 1835 sogar die Benutzung des Wortes „Republik" verboten, und bis 1848 lehnten die Rechtsliberalen jede Änderung des Wahlrechts hartnäckig ab.
Die Zerstrittenheit der beiden großen politischen Lager in Frankreich, den konservativ-rechtsliberalen und den republikanisch-radikalen Kräften, in der 1848er Revolution begünstigte schließlich den Aufstieg Louis-Napoléons, schien dieser doch die von vielen Franzosen ersehnte Ruhe und Ordnung bei gleichzeitiger Bewahrung revolutionärer Errungenschaften, wirtschaftliche Stabilität und nationale Größe zu versprechen. Hinzu kam eine besondere Volksnähe, deren Ursache eine immer noch lebendige Napoléonverehrung war.
Konservative und rechtsliberale Kräfte, Großbürgertum und Landbevölkerung unterstützten daher seine Politik, während Republikaner und Sozialisten – soweit sie nicht

ins Exil gegangen waren – nur wenig Möglichkeiten hatten, politisch aktiv zu werden.
Die Niederlage des „Empire" 1870 ebnete schließlich den gemäßigten Republikanern den Weg an die Macht; an der Tatsache, dass Vielfalt und Zerstrittenheit ein Kennzeichen des französischen Parteiensystems blieben, änderte sich dadurch jedoch nichts. Republikaner, Orléanisten, Anhänger der Bourbonen und Bonapartisten, weiter links und weiter rechts stehende Kräfte kämpften in der Folgezeit in unterschiedlichen Koalitionen um die Regierungsmacht. Das grundlegende Dilemma dieses Vielparteiensystems, das in einem krassen Gegensatz zum englischen Zwei- später Dreiparteiensystem stand, waren die häufig nur schwer zu überwindenden Schwierigkeiten einer soliden Mehrheitsbildung in einem Parlament, das zugleich der eigentliche Souverän war. Die dadurch bedingte latente Instabilität des Parlamentarismus, die in manchem der der späteren Weimarer Republik ähnelte, sollte schließlich einer der Gründe für den Untergang der III. Republik viele Jahrzehnte nach ihrer Gründung sein.

8 Abbé Sieyes: Was ist der Dritte Stand? Januar 1789:

Was ist eine Nation? Eine Gesellschaft, welche unter einem gemeinschaftlichen Gesetz lebt und durch ein und dieselbe gesetzgebende Versammlung vertreten wird. Ist es nicht eine Tatsache, dass der Adelstand Vorrechte und Privilegien genießt, welche er seine Rechte zu nennen sich erdreistet und welche von den Rechten des großen Ganzen der Bürger abgesondert sind? Er tritt dadurch aus der gemeinsamen Ordnung und dem gemeinschaftlichen Gesetz heraus. Also schon seine bürgerlichen Rechte machen aus ihm ein eigenes Volk in der Nation, [...]
Der Dritte Stand umfasst alles, was zur Nation gehört. Und alles, was nicht der Dritte Stand ist, kann sich nicht als ein Bestandteil der Nation betrachten. Was ist der Dritte Stand? Alles. [...]
Man kann das wahre Verlangen des Dritten Standes nur nach den authentischen Forderungen beurteilen, welche die großen Munizipalitäten des Landes an die Regierung gerichtet haben. Was sieht man da? Dass das Volk Etwas, wirklich nur wenigstens Etwas sein will. Es will haben

1. wahre Stellvertreter bei den Generalständen, das heißt, Abgeordnete aus seinem Stand, welche die Ausleger seines Willens und die Verteidiger seines Interesses sein können.
2. ebenso viele Stellvertreter wie die beiden anderen Stände zusammen. Da aber diese Gleichheit der Stellvertretung ganz trügerisch sein würde, wenn jeder Stand eine gesonderte Stimme hätte, so verlangt der Dritte Stand
3. dass die Stimmen nach den Köpfen und nicht nach den Ständen gezählt werden sollen.

[...] Die bescheidene Absicht des Dritten Standes ist, bei den Generalständen einen gleichen Einfluss wie die Privilegierten zu haben. [...]
Ich wiederhole es: Kann man weniger verlangen? Und ist es nicht klar, dass, wenn sein Einfluss nicht gleich ist, er nicht hoffen kann, aus seinem politischen Nichts herauszukommen, um Etwas zu werden? [...]
Eine politische Gesellschaft kann nichts anderes sein als die Gesamtheit ihrer Mitglieder. Eine Nation kann nicht entscheiden, dass sie nicht die Nation sein will oder dass sie es nur auf eine Art sein will; denn dies würde heißen, dass sie es auf keine andere Art sein kann. Ebenso kann eine Nation nicht festsetzen, dass ihr gemeinschaftlicher Wille aufhören wird, ihr gemeinschaftlicher Wille zu sein. Es ist gewiss traurig, diese Sätze vorbringen zu müssen, deren Einfachheit einfältig erscheint, wenn man nicht an die Folgerungen dächte, welche man daraus ziehen kann, so Eine Nation kann also niemals festsetzen, dass die dem gemeinschaftlichen Willen, d. h. der Mehrheit gehörenden Rechte an die Minorität übergehen können. Der gemeinschaftliche Wille kann sich selbst nicht zerstören. Er kann die Natur der Dinge nicht ändern und bewirken, dass die Meinung der Minderheit die Meinung der Mehrheit sei. Man sieht wohl, dass eine solche Verordnung, statt eine gesetzliche und moralische Handlung zu sein, ein Akt der Narrheit sein würde, [...]
[Das Dargelegte] dürfte hinreichend beweisen, dass der Dritte Stand verpflichtet ist, für sich allein eine Nationalversammlung zu bilden und vor der Vernunft und dem Recht den Anspruch zu bekräftigen, den dieser Stand erheben könnte, nämlich: für die ganze Nation ohne Ausnahme zu beraten und abzustimmen.

Emmanuel Joseph Sieyes, Was ist der Dritte Stand? Essen 1988, S. 29, 34, 99. [Das Original Qu'est-ce que le Tiers Etat? erschien im Januar 1789.] Übers. Johann Gottfried Ebel

9 Erklärung der Menschen- und Bürgerrechte vom 26. August 1789:

Da die Vertreter des französischen Volkes, als Nationalversammlung eingesetzt, erwogen haben, dass die Unkenntnis, das Vergessen oder die Verachtung der Menschenrechte die einzigen Ursachen des öffentlichen Unglücks und der Verderbtheit der Regierungen sind, haben sie beschlossen, die natürlichen, unveräußerlichen und heiligen Rechte der Menschen in einer feierlichen Erklärung darzulegen, damit diese Erklärung allen Mitgliedern der Gesellschafft beständig vor Augen ist und sie unablässig an ihre Rechte und Pflichten erinnert; damit die Handlungen der gesetzgebenden wie der ausübenden Gewalt in jedem Augenblick mit dem Endzweck jeder politischen Einrichtung verglichen werden können und dadurch mehr geachtet werden; damit die Ansprüche der Bürger, fortan auf einfache und unbestreitbare Grundsätze begründet, sich immer auf die Erhaltung der Verfassung und das Allgemeinwohl richten mögen. Infolgedessen erkennt und erklärt die Nationalversammlung in Gegenwart und unter dem Schutze des Allerhöchsten folgende Menschen- und Bürgerrechte:

Art. 1. Die Menschen sind und bleiben von Geburt frei und gleich an Rechten. Soziale Unterschiede dürfen nur im gemeinen Nutzen begründet sein.

Art. 2. Das Ziel jeder politischen Vereinigung ist die Erhaltung der natürlichen und unveräußerlichen Menschenrechte. Diese Rechte sind Freiheit, Eigentum, Sicherheit und Widerstand gegen Unterdrückung,

Art. 3. Der Ursprung jeder Souveränität ruht letztlich in der Nation. Keine Körperschaften, kein Individuum können eine Gewalt ausüben, die nicht ausdrücklich von ihr ausgeht.

Art. 4. Die Freiheit besteht darin, alles tun zu können, was einem anderen nicht schadet. So hat die Ausübung der natürlichen Rechte eines jeden Menschen nur die Grenzen, die den anderen Gliedern der Gesellschaft den Genuss der gleichen Rechte sichern. Diese Grenzen können allein durch Gesetz festgelegt werden.

10 Die Hinrichtung des Königs Ludwig XVI. am 21. Januar 1793, Zeitgenössische Darstellung.

Art. 5. Nur das Gesetz hat das Recht, Handlungen, die der Gesellschaft schädlich sind, zu verbieten. Alles, was nicht durch Gesetz verboten ist, kann nicht verhindert werden, und niemand kann gezwungen werden zu tun, was es nicht befiehlt.

Art. 6. Das Gesetz ist der Ausdruck des allgemeinen Willens. Alle Bürger haben das Recht, persönlich oder durch 45 ihre Vertreter an seiner Formung mitzuwirken. Es soll für alle gleich sein, mag es beschützen, mag es bestrafen. Da alle Bürger in seinen Augen gleich sind, sind sie gleicher Weise zu allen Würden, Stellungen und Beamtungen nach ihrer Fähigkeit zugelassen ohne einen anderen Unterschied als den ihrer Tugenden und ihrer Talente.

Art. 7. Jeder Mensch kann nur in den durch das Gesetz bestimmten Fällen und in den Formen, die es vorschreibt, angeklagt, verhaftet und gefangen gehalten werden. […]

Art. 8. Das Gesetz soll nur solche Strafen festsetzen, die offenbar unbedingt notwendig sind. Und niemand kann auf Grund eines Gesetzes bestraft werden, das nicht vor Begehung der Tat erlassen, verkündet und gesetzlich angewandt worden ist.

Art. 9. Da jeder Mensch so lange für unschuldig gehalten wird, bis er für schuldig erklärt worden ist, soll, wenn seine Verhaftung für unumgänglich erachtet wird, jede Härte, die nicht notwendig ist, um sich seiner Person zu versichern, durch Gesetz streng vermieden sein.

Art. 10. Niemand soll wegen seiner Meinungen, selbst religiöser Art, beunruhigt werden, solange ihre Äußerung nicht die durch das Gesetz festgelegte öffentliche Ordnung stört.

Art. 11. Die freie Mitteilung der Gedanken und Meinungen ist eines der kostbarsten Menschenrechte. Jeder Bürger kann also frei schreiben, reden und drucken unter Vorbehalt der Verantwortlichkeit für den Missbrauch dieser Freiheit in den durch das Gesetz bestimmten Fällen.

Art. 14. Alle Bürger haben das Recht, selbst oder durch ihre Abgeordneten die Notwendigkeit der öffentlichen Abgabe festzustellen, sie frei zu bewilligen, ihre Verwendung zu überprüfen und ihre Höhe, ihre Veranlagung, ihre Eintreibung und Dauer zu bestimmen.

Art. 15. Die Gesellschaft hat das Recht, von jedem öffentlichen Beamten Rechenschaft über seine Verwaltung zu fordern.

Art. 16. Eine Gesellschaft, in der die Verbürgung der Rechte nicht gesichert und die Gewaltenteilung nicht festgelegt ist, hat keine Verfassung.

Art. 17. Da das Eigentum ein unverletzliches und heiliges Recht ist, kann es niemandem genommen werden, wenn es nicht die gesetzlich festgelegte, öffentliche Notwendigkeit augenscheinlich erfordert und unter der Bedingung einer gerechten und vorherigen Entschädigung.

G. Franz, Staatsverfassungen, München 1950 und 1975; K.H.L-Pölitz, Die europäischen Verfassungen seit dem Jahre 1789, Leipzig 1833; 2. Band, zit. nach: www.verfassungen.de//f/ferklärung89.htm

11 Französische Verfassung vom 3. September 1791

Da die Nationalversammlung die Französische Verfassung auf den Grundsätzen aufbauen will, die sie eben anerkannt und erklärt hat, schafft sie unwiderruflich die Einrichtungen ab, welche die Freiheit und die Gleichheit der Rechte verletzen.

Es gibt keinen Adel mehr, keinen Hochadel, keine erblichen Unterschiede, keine Standesunterschiede, keine Lehnsherrschaft, keine Patrimonialgerichtsbarkeiten, keine Titel, Benennungen und Vorrechte, die davon herrührten, keinen Ritterorden, keine Körperschaften oder Auszeichnungen, die Adelsproben erforderten oder die auf Unterschieden der Geburt beruhten, und keine andere Überlegenheit als die der öffentlichen Beamten in Ausübung ihres Dienstes. [Kein öffentliches Amt kann mehr gekauft oder ererbt werden.]

Für keinen Teil der Nation, für kein Individuum gibt es mehr irgendein Privileg oder eine Ausnahme vom gemeinsamen Recht aller Franzosen.

Es gibt keine Zünfte mehr, keine Körperschaften von Beamten, Künsten oder Handwerken. Das Gesetz anerkennt keine geistlichen Gelübde noch irgendwelche andere Verbindlichkeiten, die den natürlichen Rechten oder der Verfassung entgegenstehen.

Titel I. Grundeinrichtungen, von der Verfassung verbürgt

Die Verfassung verbürgt als natürliche und bürgerliche Rechte:

1. dass alle Staatsbürger zu allen Stellungen und Beamtungen zugelassen sind ohne einen anderen Unter-

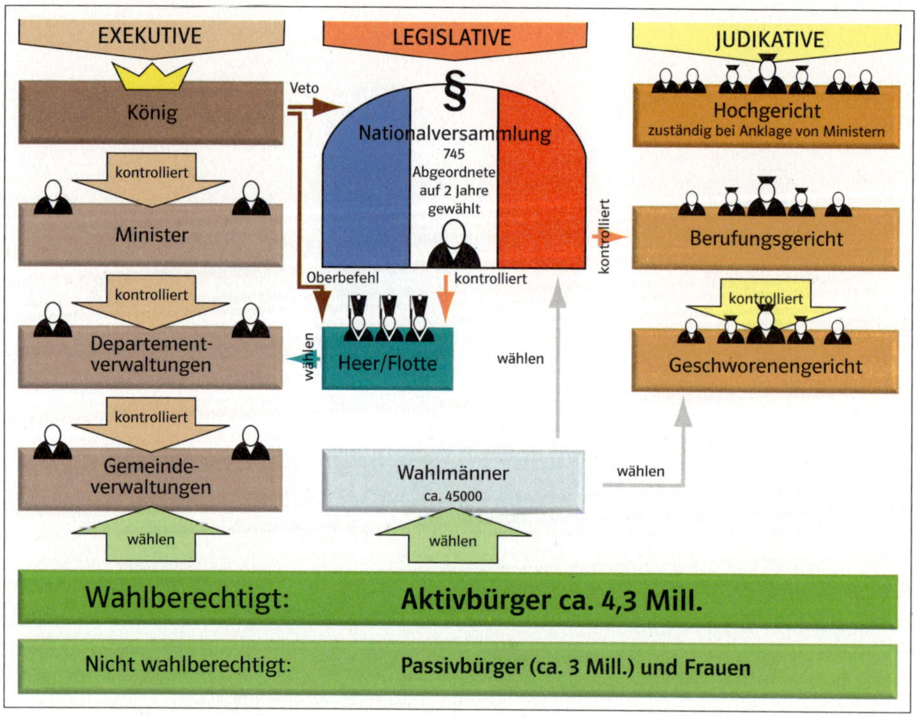

12 **Die Verfassung der konstitutionellen Monarchie von 1791.**

schied als den ihrer Tugenden und ihrer Talente; dass alle Abgaben auf alle Bürger gleichmäßig unter Berücksichtigung ihrer Vermögensverhältnisse verteilt werden;

2. dass dieselben Verbrechen mit denselben Strafen belegt werden ohne irgendeinen Unterschied der Person.

Die Verfassung verbürgt gleichfalls als natürliche und bürgerliche Rechte: die Freiheit jedes Menschen zu gehen, zu leiben, zu reisen, ohne verhaftet oder gefangengehalten zu werden als in den durch die Verfassung festgelegten Normen; die Freiheit jedes Menschen zu reden, zu schreien, zu drucken und seine Gedanken zu veröffentlichen, ohne dass seine Schriften irgendeiner Zensur oder Aufsicht vor ihrer Veröffentlichung unterworfen sein dürfen, und den religiösen Kult auszuüben, dem er anhängt; die Freiheit der Bürger, sich friedlich und ohne Waffen zu versammeln […].

Die Verfassung verbürgt die Unverletzlichkeit des Eigentums oder die gerechte und vorherige Entschädigung von dem, was die gesetzlich festgestellte, öffentliche Notwendigkeit als Opfer erfordert […]

Es soll eine allgemeine Einrichtung öffentlicher Hilfeleistungen geschaffen und gebildet werden, um verlassene Kinder zu erziehen, armen Kranken zu helfen und verarmten Gesunden, die sich keine Arbeit verschaffen können, diese zu besorgen.

Es soll ein öffentliches Schulwesen eingerichtet und gebildet werden, das für alle Bürger gemeinsam und in den Bereichen des Unterrichts, die für alle Menschen notwendig sind, kostenlos ist. Seine Anstalten sollen entsprechend der Einteilung des Königreiches auf die einzelnen Gebiete verteilt werden.

Es sollen Nationalfeste eingeführt werden, um die Erinnerung an die Französische Revolution zu bewahren, die Brüderlichkeit unter den Bürgern zu stärken und sie an die Verfassung, das Vaterland und die Gesetze zu binden.

Es soll ein Gesetzbuch der dem ganzen Königreich gemeinsamen bürgerlichen Gesetze geschaffen werden. […]

Titel III. Von den öffentlichen Gewalten

Art. 1. Die Souveränität ist einheitlich, unteilbar, unveräußerlich und unverjährbar. Sie gehört der Nation. Kein Teil des Volkes und keine einzelne Person kann sich ihre Ausübung aneignen.

Art. 2. Die Nation, von der allein alle Gewalten ihren Ursprung haben, kann sie nur durch Übertragung ausüben. Die französische Verfassung ist eine Repräsentativverfassung. Ihre Repräsentanten sind die gesetzgebende Körperschaft und der König.

Art. 3. Die gesetzgebende Gewalt ist einer Nationalversammlung übertragen, die aus Abgeordneten besteht, die durch das Volk frei und auf Zeit gewählt werden, um sie mit Billigung des Königs auf die Art auszuüben, die nachstehend bestimmt wird.

Art. 4. Die Regierung ist monarchisch. Die ausführende Gewalt ist dem König übertragen, um unter seiner Autorität durch die Minister und andere verantwortliche Beamte auf die Art ausgeübt zu werden, die nachstehend bestimmt wird.

Art. 5. Die richterliche Gewalt ist den durch das Volk auf Zeit gewählten Richtern übertragen.

Kapitel II/Abschnitt I. Vom Königtum und dem König […]

Art. 3. Es gibt in Frankreich keine Autorität, die über dem Gesetze steht. Der König regiert nur durch dieses. Und nur im Namen des Gesetzes kann er Gehorsam verlangen. […]

Kapitel III. Von der Ausübung der gesetzgebenden Gewalt *[…] Abschnitt III. Von der königlichen Bestätigung*

Art. 1. Die Beschlüsse der gesetzgebenden Körperschaft werden dem König vorgelegt, der ihnen seine Zustimmung verweigern kann.

Art. 2. Im Falle, dass der König seine Zustimmung verweigert, ist diese Verweigerung nur von aufschiebender Wirkung. Wenn die beiden Legislaturperioden, die derjenigen folgen, die den Beschluss vorgelegt hat, nacheinander den gleichen Beschluss in der gleichen Fassung wieder vorlegen, so wird angenommen, dass der König seine Bestätigung erteilt hat. […]

Kapitel IV. Von der Ausübung der vollziehenden Gewalt

Art. 1. Die oberste vollziehende Gewalt ruht ausschließlich in der Hand des Königs. [...] Der König ist der oberste Chef der Streitkräfte zu Wasser und zu Lande. [...]

Kapitel V. Von der richterlichen Gewalt

Art. 1. Die richterliche Gewalt kann in keinem Fall durch die gesetzgebende Körperschaft oder durch den König ausgeübt werden.

Art. 2. Die Rechtsprechung erfolgt kostenlos durch die auf Zeit durch das Volk gewählten und durch Patente des Königs, die er nicht verweigern kann, eingesetzten Richter. Sie können nur wegen eines gehörig abgeurteilten Amtsvergehens abgesetzt und wegen einer zugelassenen Anklage suspendiert werden. Der öffentliche Ankläger wird durch das Volk gewählt. [...]

Titel VI. Von den Beziehungen der französischen Nation zu fremden Nationen

Die französische Nation verzichtet darauf, einen Krieg zu unternehmen, um Eroberungen zu machen. Sie wird ihre Streitkräfte niemals gegen die Freiheit eines anderen Volkes verwenden. [...]

G. Franz, Staatsverfassungen, München 1950 und 1975; K.H.L. Pölitz, Die europäischen Verfassungen seit dem Jahre 1789, 2. Bd., Leipzig 1833; zit. nach: www.verfassungen.de/f/fverf91.htm

13 Verfassungsurkunde vom 4. Juni 1814

Ludwig, von Gottes Gnaden König von Frankreich und Navarra, entbietet allen jenen, die das Vorliegende sehen, seinen Gruß.

Indem Uns die himmlische Vorsehung nach langer Abwesenheit in Unsere Staaten zurückberufen hat, hat sie Uns große Verpflichtungen auferlegt. Der Frieden war das wichtigste Bedürfnis Unserer Untertanen: Wir haben Uns unablässig darum bekümmert: und dieser für Frankreich wie für das übrige Europa so notwendige Frieden[1] ist unterzeichnet. Der gegenwärtige Zustand des Königreichs erforderte eine Verfassungsurkunde, Wir haben sie versprochen, und Wir veröffentlichen sie. Wir haben in Betracht gezogen, dass – obgleich die gesamte Autorität in Frankreich stets auf der Person des Königs beruhte – dessen Vorgänger in keiner Hinsicht jemals gezögert haben, deren Ausübung je nach den Zeitläufen unterschiedlich zu handhaben; [...] Wir waren, dem Beispiel Unserer Vorgänger gemäß, verpflichtet, die Auswirkungen der ständig wachsenden Fortschritte der Aufklärung, die neuen Verhältnisse, die jene Fortschritte in die Gesellschaft eingebracht, die Richtungen, die sich dem Geistesleben seit einem halben Jahrhundert eingeprägt haben, und die schwerwiegenden Veränderungen, die daraus erwachsen sind, abzuschätzen: Wir haben erkannt, dass der Wunsch Unserer Untertanen nach einer Verfassungsurkunde der Ausdruck eines echten Bedürfnisses war; doch indem Wir diesem Wunsch nachgaben, haben wir alle Vorbedacht darauf verwendet, dass diese Urkunde Unser und des Volkes würdig sei, das zu befehligen wir stolz sind. Weise, den führenden Körperschaften des Staates entnommene Männer haben sich mit den Ausschüssen Unseres Staatsrats vereinigt, um an diesem bedeutenden Werk mitzuarbeiten. – Zur gleichen Zeit, da Wir erkannten, dass eine freie, monarchische Verfassung die Erwartungen des aufgeklärten Europa erfüllen müsste, waren Wir genötigt, Uns auch dessen zu erinnern, dass es Unsere erste Pflicht gegenüber Unseren Völkern sei, in ihrem eigenen Interesse die Rechte und Prärogativen Unserer Krone zu bewahren. Wir haben gehofft, dass sie, belehrt durch die Erfahrung, davon überzeugt seien, dass die höchste Autorität allein imstande ist, den Einrichtungen, die sie begründet, die Kraft, die Dauer und die Majestät zu verleihen, mit denen sie selber ausgestattet ist; dass, wenn sich so die Weisheit der Könige mit dem Wunsch der Völker aus freien Stücken vereint, eine Verfassungsurkunde von langer Dauer sein kann; dass jedoch, wenn die Gewalt der Schwäche der Regierung Zugeständnisse entreißt, die Öffentliche Freiheit nicht minder in Gefahr schwebt denn der Thron selbst. Wir haben endlich die Grundsätze der Verfassungsurkunde in der französischen Eigenart und den ehrwürdigen Denkmalen der vergangenen Jahrhunderte gesucht. So haben Wir in der Erneuerung der Pairie [des Adels] eine wahrhaft nationale Institution gesehen, die sämtliche Erinnerungen an alle Hoffnungen binden soll, indem sie die alten und neuen Zeiten vereint. – Durch die Deputiertenkammer haben Wir die alten Mars- und Maifeldversammlungen ersetzt sowie jene Kammern des Dritten Standes, die so oft ein Zeugnis des Eifers für die Interessen des Volkes, der Treue und Achtung für die Autorität der Könige abgelegt haben. Indem Wir so versucht haben, die Bande der Zeiten neu zu knüpfen, welche unheilvolle Abweichungen unterbrochen hatten, haben Wir aus Unserer Erinnerung sämtliche Übel, welche während Unserer Abwesenheit die Heimat bedrückten, ebenso getilgt, wie Wir es wollten, dass man sie aus der Geschichte tilgen könnte. Glücklich, Uns wieder im Schoß der großen Familie zu finden, konnten Wir der Liebe, von der Wir so viele Zeugnisse empfangen, nur dadurch entsprechen, als Worte des Friedens und des Trostes zu äußern. Der teuerste Wunsch Unseres Herzens ist es, dass alle Franzosen wie Brüder leben und dass keine bittere Erinnerung jemals die Sicherheit trübe, die der feierlichen Urkunde folgen soll, die Wir ihnen heute gewähren. – Unserer Absichten sicher, stark in Unserem Gewissen, verpflichten Wir Uns vor der Versammlung, die Uns zuhört, dieser Verfassungsurkunde die Treue zu halten, dabei Uns vorbehaltend, ihre Einhaltung mit einer erneuerten Feierlichkeit vor den Altären desjenigen zu beschwören, der in seiner Waage zugleich die Könige und die Völker wagt. – Aus diesen Gründen haben Wir freiwillig und in freier Ausübung Unserer königlichen Autorität gewährt und gewähren, bewilligen und verleihen Unseren Untertanen, für Uns wie für Unsere Nachfolger auf ewig [...] folgende Verfassungsurkunde.

Zit. nach: Die Constitutionen der europäischen Staaten in den letzten fünfundzwanzig Jahren, 4 Bände, hrsg. von Karl Heinrich Ludwig Pölitz. Leipzig 1817–1825, Bd. 1, S. 307–318.

---

1 Der sog. erste Frieden von Paris vom 30. Mai 1814.

14 Manifest für den „Bürgerkönig", Juli 1830,

verfasst von Adolphe Thiers einem Führer der Liberalen

Karl X. kann nicht mehr nach Paris zurückkehren: Er hat das Blut des Volkes vergossen. Die Republik würde uns schrecklichen Spaltungen aussetzen; sie würde uns mit Europa überwerfen. Der Herzog von Orléans ist ein Prinz, der der Sache der Revolution ergeben ist. Der Herzog von Orléans hat niemals gegen uns gekämpft. Der Herzog von Orléans war in Jemappes[1]. Der Herzog von Orléans ist ein Bürgerkönig. Der Herzog von Orléans hat im Kampf die Farben der Trikolore getragen, nur der Herzog von Orléans kann sie noch tragen. Wir wollen keinen andern. Der

Herzog von Orléans erklärt sich nicht: Er wartet auf unsere Willenserklärung. Sprechen wir diesen Willen aus, und er wird die Verfassung akzeptieren, so, wie wir sie verstanden und gewollt haben. Vom französischen Volk wird er seine Krone erhalten.

Zit. nach: Histoire, Le Fondements du Monde Contemporain, hrsg. von Guillaume Le Quintrec, Paris 2001, S. 217. Übers. L. Reumund.

1 Sieg des revolutionären Frankreich gegen Österreich am 6. November 1792.

15 Zensus- oder allgemeines Wahlrecht?

François Arago (1786–1853), ein berühmter Astronom und republikanischer Abgeordneter, fordert in einer Rede vor der Deputiertenkammer im Mai 1840 das allgemeine Wahlrecht.

Wir müssen zum Prinzip der nationalen Souveränität zurückkehren: das ist das Prinzip unserer Regierung, und es ist in unserer Verfassung niedergeschrieben. Lassen Sie uns schauen, ob dieses Prinzip umgesetzt ist [...].
Meine Herren, die Bevölkerung Frankreichs setzt sich zusammen aus 34 Millionen Menschen. Unter diesen 34 Millionen Menschen sind 17 Millionen Männer; von diesen 17 Millionen Männern sind, nach den genauesten Sterbetafeln, 8 Millionen Männer im Alter von 25 Jahren und darüber. Sie wissen, warum ich das Mindestalter von 25 Jahren nehme: so steht es in der Verfassung. Wieviele Wähler haben Sie, aus 8 Millionen Männern von 25 Jahren und darüber? Sie haben rund 200 000. Meiner Ansicht nach ist das Prinzip der Souveränität des Volkes in einem Land, in dem auf vierzig Männer nur ein Wähler kommt, nicht umgesetzt. [...]
Ich sage, dass es in der Bevölkerung einen beträchtlichen Teil gibt, dem jede Art von politischen Rechten vorenthalten ist und der nicht nur der größte Teil des Volkes ist, sondern auch der Teil, der die größte Masse an Staatsabgaben zahlt. [...]
Man spricht von Fähigkeiten, man sagt, dass die Bürger, für die das allgemeine Wahlrecht gefordert wird, nicht die notwendige Fähigkeit dazu hätten. Aber von welcher Fähigkeit spricht man hier? Gilt es denn, eine Prüfung zu bestehen? Wird man uns über Montesquieu befragen? Die Fähigkeit, die ein Wähler haben muss, ist die Fähigkeit, einen redlichen von einem unredlichen Mann zu unterscheiden. [...] Ich bin überzeugt, dass unser Gesetzbuch dem nichtwahlberechtigten Bürger Rechte gibt, die zu ihrer Ausübung hundertmal mehr Fähigkeiten erfordern, als das Wahlrecht.

Zit. nach: Histoire, Le Fondements du Monde Contemporain, hrsg. von Guillaume Le Quintrec, Paris 2001, S. 221. Übers. L. Reumund.

16 König Louis-Philippe I., der „Bürgerkönig“, zeitgenössisches Gemälde eines anonymen Künstlers

17 Kaiser Napoleon III.;
Gemälde 1862 von Hippolyte Flandrin (1809–1864), 212 × 147 mm.

18 Französischer Außenminister, François Guizot, verteidigt das Zensuswahlrecht, in einer Rede vom 28. Mai 1846:

Meine Herren, nichts kann die Ungleichheit auf dieser Welt beseitigen. Es gibt Rechte, die für alle gleich sind, aber es gibt auch Rechte, die nicht für alle gleich sind. […] Ich höre sagen, das sei der Nachteil unseres politischen Systems; ich jedenfalls betrachte dies nicht als einen Nachteil: Ich bin kein Verfechter des allgemeinen Wahlrechts; ich bin vielmehr überzeugt, dass das allgemeine Wahlrecht der Tod der Freiheit sowohl als der Ordnung wäre. Ich sehe die Ungleichheit in der Verteilung der politischen Rechte als einen unvermeidlichen Zustand in einer großen Gesellschaft und als die Folge der faktischen Ungleichheiten, im Materiellen wie im Intellektuellen, die notwendigerweise im Schoße unserer Gesellschaft existieren. […]
Was ich hoffe, ist, dass die Franzosen, die durch ihre Situation, durch mangelnde Unabhängigkeit oder Geisteskraft noch nicht weit genug aufgestiegen sind, um in das politische Leben einzutreten, sich in dem Maße erheben werden, wie die zu diesem Recht berufenen Männer dazu fähig sind.

Zit. nach: Histoire, Le Fondements du Monde Contemporain, hrsg. von Guillaume Le Quintrec, Paris 2001, S. 221. Übers. L. Reumund.

19 Verfassung der „Empire" von 1852

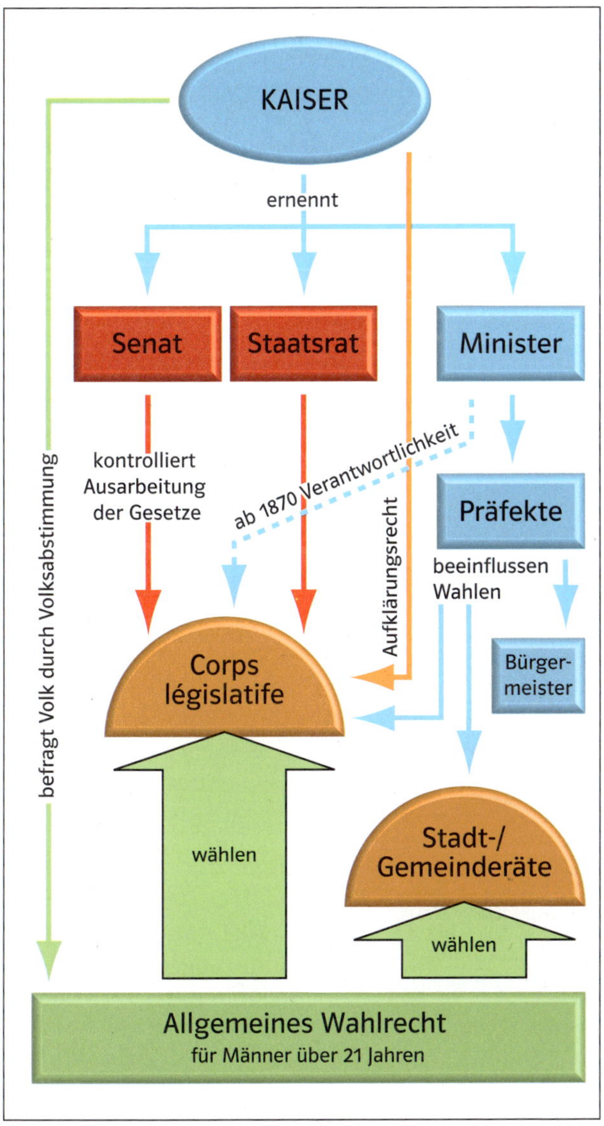

20 Proklamation Louis Napoléons vom 14. Januar 1852.

Franzosen!
Als ich euch in meiner Proklamation vom 2. Dezember 1851 loyal zum Ausdruck brachte, welche für mich die vitalen Grundbedingungen der [politischen] Macht in Frankreich seien, war es nicht meine Absicht, eine persönliche Theorie an die Stelle jahrhundertealter Erfahrungen zu setzen, wie es heutzutage so üblich geworden ist. Ich habe vielmehr versucht [deutlich werden zu lassen], welchen Beispielen aus der Vergangenheit man am besten folgen sollte, welche Männer sie gesetzt haben und welches Gut daraus erwachsen ist.
Davon ausgehend habe ich es für folgerichtig erachtet, den trügerischen Doktrinen von Männern mit abstrakten Ideen die Lehren eines Genies vorzuziehen. Ich habe mir die politischen Einrichtungen zum Vorbild genommen, die bereits zu Beginn dieses Jahrhunderts unter ähnlichen Umständen die erschütterte Gesellschaft wieder gefestigt und Frankreich auf eine hohe Stufe des Wohlstands und der Größe erhoben haben.
Ich habe mir Einrichtungen zum Beispiel genommen, die – statt beim ersten Windhauch von Volkswirren zu schwinden – erst durch das gesamte gegen uns verbündete Europa umgestoßen worden sind.
Mit einem Wort – ich habe mir gesagt: wo Frankreich seit fünfzig Jahren aufgrund des Verwaltungs-, Militär-, Gerichts-, Religions- und Finanzsystems des Konsulats und des Kaiserreichs voranschreitet – warum sollten wir da nicht auch die politischen Einrichtungen jener Zeit übernehmen? Sie wurden im selben Geist geschaffen und müssen notwendig in sich denselben Geist von nationaler Eigenart und praktischem Nutzen tragen.
In der Tat ist – so wie ich es in meiner Proklamation dargelegt habe – unsere gegenwärtige Gesellschaft – es ist wesentlich, dies festzustellen – nichts anderes als das durch die Revolution von 1789 neu erschaffene und vom Kaiser organisierte Frankreich. Vom Ancien Regime ist nichts mehr übrig als große Erinnerungen und große Segnungen. Alles aber, was zu seiner Zeit aufgebaut wurde, hat die Revolution zerstört, und alles, was seit der Revolution aufgebaut wurde und noch Bestand hat, ist durch Napoléon geschehen.
Wir haben keine Provinzen, keine Länder mit Provinzialständen, keine Parlamente, keine Intendanten, keine Generalsteuerpächter, keine verschiedenen Gewohnheitsrechte, keine Feudalrechte, keine privilegierten Klassen im alleinigen Besitz ziviler und militärischer Ämter und keine unterschiedliche religiöse Gerichtsbarkeit mehr.
Alle diese mit ihr selbst unvereinbaren Dinge hat die Revolution einer radikalen Reform unterzogen, aber sie hat nichts Endgültiges geschaffen. Allein der Erste Konsul hat die Einheit, die Hierarchie und die wahren Grundsätze der Regierung wiederhergestellt. Sie sind immer noch in Kraft.
So wurde die Verwaltung Frankreichs Präfekten, Unterpräfekten und Bürgermeistern anvertraut, die jene mehrköpfigen Kommissionen der Direktorialzeit durch [das Prinzip der] Einheit ersetzten; die Entscheidung über die Geschäfte wurde dagegen Ratsversammlungen, von der Gemeinde bis zum Departement, übergeben. Auf diese Weise wurde das Gerichtswesen durch die Unabsetzbarkeit der Richter und die Hierarchie der Gerichte gefestigt; das Rechtswesen wurde vereinfacht durch die Begrenzung der Zuständigkeiten, vom Friedensgericht bis zum Kassationsgerichtshof. Alles dies hat noch Bestand.

Desgleichen stammen unser bewundernswertes Finanzsystem, die Bank von Frankreich, die Aufstellung von Budgets, der Finanzgerichtshof, der Aufbau der Polizei und unsere Militärreglements aus dieser Zeit.
Seit fünfzig Jahren regelt der Code Napoléon die Interessen der Staatsbürger untereinander; und noch immer regelt das Konkordat die Beziehungen zwischen Staat und Kirche.
Schließlich sind die meisten Maßnahmen, die den Fortschritt der Industrie, des Handels, der Literatur, der Geistes- und Naturwissenschaften und der Künste, von den Regelungen für das Théâtre-Français bis hin zu denen für das Institut de France, von den Gewerbegerichten bis zur Schaffung der Ehrenlegion durch Erlasse jener Zeit festgelegt worden.
Man kann also die Behauptung aufstellen, dass das Balkengerüst unseres Gesellschaftsaufbaus das Werk des Kaisers ist und dass es seinem Sturz und drei Revolutionen widerstanden hat.
Warum sollten also die politischen Einrichtungen gleichen Ursprungs nicht die gleichen Chancen der Dauer haben?

Zit. nach: Oskar Jäger, Franz Moldenhauer [Hrsg.], Auswahl wichtiger Aktenstücke zur Geschichte des 19. Jahrhunderts, Berlin 1893, S. 275–278.

21 Das Land brauchte eine einige Regierung,

erklärte der Präfekt von Paris, Georges-Eugène Baron Haussmann in seinen Erinnerungen:

Ich war Anhänger des Kaisers von Herkunft und aus Überzeugung. Als Demokrat, sehr liberal, aber nichtsdestoweniger autoritär, hatte ich, und habe ich noch immer, das innerste und tiefe Gefühl, dass die einzige Frankreich entsprechende Form der Demokratie das Kaiserreich ist.
Unser Land, das einzige wirklich einige auf der ganzen Welt, braucht eine ebenso „einige“ Regierung. Es muss eine einzige Hand geben, die, mit festem Griff im Innern, um im Äußeren stark sein zu können, seine Geschicke leitet. Die Interessen des Äußeren erfordern die Stabilität der ausführenden Gewalt in ihrem höchsten Ausdruck: der Erbfolge; jedoch unter dem Vorbehalt der „Souveränität des Volkes“, deren Umsetzung die Verfassung, unmittelbar aus einem Akt seines Willens hervorgegangen, ausdrücklich festschreiben muss. Außerdem ist es für die Würde der Nation selbst ratsam, dass der Titel der Repräsentanten, ihres „Vertreters“, ihn mit den bedeutendsten Monarchen auf die gleiche Stufe stellt.
Dies waren zu allen Zeiten meine Überzeugungen, und sie sind es noch immer. Es ist nicht meine Absicht, sie irgendjemandem aufzuzwingen […]. Aber ich gebe zu, dass ich das parlamentarische System fürchte, das die Regierung zu einer unruhigen Versammlung macht, die ganz nach Wahl eines so genannten Staatsoberhauptes ständig wechselnde Minister hat, die vom Wetteifer der Parteien, die sich um die Macht streiten, in Aufruhr versetzt wird, um deren Vorteile zu verteilen […], anstatt den edlen Ehrgeiz zu zeigen, ihrem Vaterland zu keinem anderen Ziel als dem Ausbau seiner Größe und Macht wirklich zu dienen.

Zit. nach: Histoire, hrsg. von Guillaume Le Quintrec, Paris 2001, S. 129. Übers. L. Reumund.

22 Beeinflussung von Wahlen durch die Regierung Napoléons III.

Rundschreiben von Innenminister Morny an die Präfekten der Départements, 1852:

Die Bildung des Corps législatif ist eine der wichtigsten Aufgaben der Regierung. Ihr Anliegen ist es, dass solche Männer dahin berufen werden, die die Wertschätzung des Volkes genießen, die sich mehr um die Interessen des Landes kümmern als um die Kämpfe und Leidenschaften der widerstreitenden Parteien, ohne eigenes Profitstreben, die Anteil nehmen an den Sorgen der Arbeiterschichten, und die durch wohltätigen Gebrauch ihres Vermögens Einfluss und verdiente Achtung im Volk gewonnen haben. Darum prüft, wer unter den Besitzenden und den Großindustriellen eures Departements ist, der nach eurer Einschätzung den von mir dargelegten Bedingungen in höchstem Maße entspricht. Teilt mir das Ergebnis eurer Einschätzung mit, damit die Regierung den Wählern diejenigen Kandidaten zum Vorzug unterbreiten und mit ihrem legitimen Einfluss unterstützen kann, die sie am würdigsten dafür erachtet.

Zit. nach: Histoire, hrsg. von Guillaume Le Quintrec, Paris 2001, S. 131. Übers. L. Reumund.

23 Nach Einführung des allgemeinen Männerwahlrechts: Wahllokal in einem Dorf am 23. April 1848. Lithographie von G. Gostiauf.

24 Napoléon III. kündigt politische Reformen an.

Schreiben an Staatsminister Rouher vom Januar 1867:

Ich glaube, dass es heute möglich ist, den Institutionen des Reiches alle Fortschritte zu erlauben, zu denen sie fähig sind, und den öffentlichen Freiheiten ein neues Ausmaß zu verleihen, ohne die Macht zu kompromittieren, die die Nation mir anvertraut hat. [...] Ich habe mir überlegt, dass ich, ohne die Bestimmungen der Verfassung zu übertreten, die keine Verbundenheit zwischen den Ministern erlaubt und diese einzig dem Staatsoberhaupt unterstellt, die Kräfte meiner Regierung besser nutzen würde, wenn ich meine Minister als außerordentliche Abordnung in den Senat und in das Corps législatif entsende, um dort an bestimmten Diskussionen teilzunehmen.

Doch hier dürfen die Reformen, deren Umsetzung angebracht ist, noch nicht enden. So wird ein Gesetz vorgeschlagen, dass die Verurteilung von Pressedelikten ausschließlich den Strafgerichten unterstellt, und damit die Ermessensfreiheit der Regierung aufhebt. Ebenso ist es notwendig, das Versammlungsrecht, innerhalb der Grenzen, die für die öffentliche Sicherheit erforderlich sind, gesetzlich festzuschreiben.

Ich habe vergangenes Jahr gesagt, dass meine Regierung auf einem festem Boden voranschreiten wolle, der die Macht und die Freiheit tragen könne. Mit den eben verkündeten Maßnahmen mache ich meine Worte wahr, ich werde den Boden, den fünfzehn Jahre der Ruhe und des Wachstums gefestigt haben, nicht erschüttern, sondern weiter konsolidieren [...], indem ich den Bürgern durch das Gesetz neue Sicherheiten gebe [...].

Zit. nach: Histoire, hrsg. von Guillaume Le Quintrec, Paris 2001, S. 129. Übers. L. Reumund.

25 Der Aufstand der Pariser Commune 1871 Wie soll die Zukunft aussehen? *Reden von Volksrednern, Auszüge aus den Archiven der Pariser Clubs:*

Bürger W. Wir brauchen keine Republik mit zehn Monarchen, sondern eine demokratische und soziale Republik. Das Schloss muss ein Stück flacher gemacht werden und die einfache Hütte ein ganzes Stück höher. Wenn wir die Pariser Commune haben und kleinere Formen dieser Commune in anderen Städten und Dörfern, dann haben wir die wahre Republik.

Club der Schule in der Rue Jean-Lantier, 1. Arrondissement, 15. November 1870.

Bürger S. [Die Commune] muss erst einmal dafür sorgen, dass die Preußen verjagt werden, das ist ja wohl klar. Wenn die Preußen verjagt sind, wird die Commune, wie alle Regierungen auf der Welt, Geld brauchen. Sie wird aber weniger davon brauchen als die anderen, weil sie sich darum kümmern wird, die Gleichheit der Gehälter und Löhne festzuschreiben. Woher wird sie das Geld nehmen? Zuerst aus den Kirchen, die Schmuck aus Gold und Silber in Hülle und Fülle haben, die sie dann zu Geld machen wird [...]; schließlich wird sie die Besitztümer des Klerus, der religiösen Kongregationen, der Bonapartisten und der Flüchtigen konfiszieren; und mit der Ausbeute dieser Konfiszierungen wird sie das Volk ernähren und Arbeitsvereinigungen bilden, die die Fabrikherren ablösen werden.

Club von Elysée Montmartre, 23. Dezember 1870.

Zit. nach: Histoire, hrsg. von Guillaume Le Quintrec, Paris 2001, S. 133. Übers. L. Reumund.

26 Das politische „Testament" der Commune,

Erklärung vom April 1871:

Wieder einmal arbeitet und leidet Paris für ganz Frankreich, indem es mit seinen Kämpfen und seinen Opfern für die intellektuelle, moralische, administrative und ökonomische Erneuerung, für Ruhm und Wohlstand, den Weg bereitet. Was will Paris? Die Anerkennung und Stärkung der Republik, der einzigen Regierungsform, die mit den Rechten des Volkes und der freuen und stetigen Entwicklung der Gesellschaft vereinbar ist. Die vollständige Autonomie der Commune und deren Ausweitung auf alle Orte in Frankreich sowie vollständige Garantie ihrer Rechte. [...] Die Autonomie der Commune wird nur durch das gleiche Autonomierecht der anderen Communes beschränkt, die dem Vertrag beitreten und deren Zusammenschluss die Einheit Frankreichs gewährleisten soll. Die mit der Commune verbundenen Rechte sind:

- Kommunales Budgetrecht, Festlegung und Verteilung der Steuern, Organisation der lokalen Dienstleistungen, Organisation der Verwaltung, der örtlichen Polizei und der Bildung [...];
- Die Einsetzung durch Wahl oder Auswahlverfahren sowie das ständige Recht auf Kontrolle und Absetzung von kommunalen Beamten oder Funktionären auf allen Ebenen;
- Die absolute Gewährleistung der Freiheit des Einzelnen, der Freiheit des Gewissens und der Freiheit der Arbeit. Die ständige Einbeziehung der Bürger in kommunale Angelegenheiten. [...]

Unsere Feinde täuschen sich oder täuschen das Land, wenn sie Paris beschuldigen, der übrigen Nation seinen Willen oder seine Oberhoheit aufzwingen zu wollen, und eine Diktatur anzustreben, die ein tatsächlicher Angriff auf die Unabhängigkeit und Souveränität der anderen Communes wäre. Sie täuschen sich, oder täuschen das Land, wenn sie Paris beschuldigen, die Zerschlagung der Einheit Frankreichs anzustreben, der Einheit, von der Revolution geschaffen und von unseren Vätern begrüßt, die zur Feier der Föderation aus allen Ecken des alten Frankreich zusammenströmten. Die Einheit, so wie sie uns bis zu diesem Tage vom Kaiserreich, der Monarchie und dem Parlamentarismus aufgezwungen wurde, ist nur eine despotische, unintelligente, willkürliche und kostspielige Zentralisierung. [...]

Zit. nach: Histoire, hrsg. von Guillaume Le Quintrec, Paris 2001, S. 134. Übers. L. Reumund.

27 Der Aufstand der Commune war die Entfesselung des sich selbst überlassenen Pöbels, urteilte der Dichter Alexandre Dumas 1871

Gar nichts ist unternommen worden, nicht einmal, um in den schmutzigen Löchern, in denen die Unterschicht haust, genug Platz zu schaffen, damit die Familien auf den Quadratmetern leben können, welche die Wissenschaft als das Mindestmaß fordert, um nachts nicht zu ersticken. Wir haben das Volk dem Vergessen Gottes und einem ungehobelten, brutalen Dasein überlassen. Wir haben ihre brennenden Begierden durch das unausgesetzte Schauspiel eines lustvollen Lebens geweckt, das in seiner Dekadenz an das alte Rom erinnert. Die Mauern zwischen dem Arbeiter und den Emporkömmlingen sind noch höher als jene, mit denen sich der Adel im Ancien Régime in so verletzender Weise gegen die Bürger abschottete. Die Folgen aus diesen Tatsachen sind in ihrem ganzen Ausmaß sichtbar. Wenn wir uns auch seit achtzig Jahren in keiner Weise auf die Stunde vorbereitet haben, in der diese enormen Kräfte ausbrechen, wenn wir es auch zugelassen haben, dass die Unterschicht ihre rohen und hasserfüllten Instinkte gegen das moderne Patriarchat nähren kann, so müssen wir doch nun endlich die Einsicht besitzen, unsere Irrtümer einzugestehen und uns – falls dazu noch Zeit bleibt – an die edle Aufgabe machen, das Volk, durch die Religion und vor allem durch gutes Beispiel zu belehren. Mögen wir aus der grausamen Lektion durch die Aufständischen vom Rathaus lernen!

Zit. nach: Histoire, hrsg. von Guillaume Le Quintrec, Paris 2001, S. 135. Übers. L. Reumund.

28 Die Befugnisse des Präsidenten der Republik

Art. 3 Der Präsident der Republik hat das Recht zur Gesetzesinitiative, gemeinsam mit den Mitgliedern der zwei Kammern. Er verkündet die neuen Gesetze, wenn sie von den beiden Kammern verabschiedet worden sind; er überwacht und sichert ihre Umsetzung. – Er übt das Begnadigungsrecht aus; Amnestien können nur durch ein Gesetz erlassen werden. – Er ist Oberbefehlshaber über die Streitkräfte. – Er ernennt zu allen zivilen und militärischen Staatsämtern. – Er sitzt den nationalen Feierlichkeiten vor; die Gesandten und die Botschafter der ausländischen Mächte werden bei ihm akkreditiert. – Jeder Akt des Präsidenten muss von einem Minister gegengezeichnet werden. […]

Art. 5 Der Präsident der Republik kann, auf entsprechende Empfehlung des Senats, die Deputiertenkammer vor Ablauf ihres gesetzlichen Mandats auflösen. […]

Zit. nach: Histoire, hrsg. von Guillaume Le Quintrec, Paris 2001, S. 138. Übers. L. Reumund.

29 Jules Grévy, Botschaft an den Senat, 6. Februar 1879

Diese Botschaft des neuen Präsidenten der Republik, die eine persönliche Interpretation der Gesetze von 1875 darstellt, wurde von den Historikern „Grévy-Verfassung" [Constution Grévy] genannt.

Sehr geehrte Senatoren,

die Nationalversammlung hat mich zum Präsidenten der Republik erhoben und mir damit große Pflichten auferlegt. Ich werde unbeirrbar an ihrer Erfüllung arbeiten und glücklich sein, wenn es mir gelingt, in förderlicher Zusammenarbeit mit Senat und Deputiertenkammer nicht hinter dem zurückzubleiben, was Frankreich zu recht von meinen Bemühungen und meiner Hingabe erwartet.

Da ich dem großen Gesetz der parlamentarischen Regierungsform aufrichtig ergeben bin, werde ich niemals den Willen des Volkes bekämpfen, den es durch seine Verfassungsorgane ausdrückt. […]

Zit. nach: Histoire, hrsg. von Guillaume Le Quintrec, Paris 2001, S. 139. Übers. L. Reumund.

30 Wie soll die Republik regiert werden?

a) Georges Clemenceau beschrieb im Wahlprogramm von 1876 die Ziele der radikalen Republikaner:

Die konservativen Republikaner wollen nur das Minimum von der Republik; wir wollen das Maximum. Wir radikalen Republikaner wollen die Republik wegen ihrer Konsequenzen: den großen und fruchtbaren sozialen Reformen, die sie mit sich bringt […]. Das Ziel, das wir setzen, ist die Vollendung der großen Revolution von 1789, die vom französischen Bürgertum eingeleitet und vor ihrer Erfüllung wieder verlassen wurde […]. Was wäre eine vernünftigere Maßnahme für Ordnung und Gerechtigkeit, als die Steuerreform, als eine gerechte Verteilung der Steuerpflicht? […] Was wäre eine großartigere Maßnahme für Ordnung, Gerechtigkeit und Freiheit als die Trennung von Kirche und Staat […]? Wie könnte man die sozialen Klassen besser einander annähern, als durch eine allgemeine Schulbildung, die die Angehörigen unseres Volkes in einem Gefühl von patriotischer Solidarität miteinander vereint? Welche Konflikte könnten auftreten, wenn der Priester in der Kirche, der Richter im Gerichtssaal, der Lehrer in der Schule bleibt?

Zit. nach: Histoire, hrsg. von Guillaume Le Quintrec, Paris 2001, S. 149. Übers. L. Reumund.

b) Léon Gambetta, Vertreter der gemäßigten Republikaner, versuchte diese Frage in einer Rede in Neubourg [Eure], am 4. September 1881 zu beantworten:

Man muss sich davor hüten, alles auf einmal unternehmen zu wollen. [Frankreich] verlangt nicht, dass alle diese gestellten Fragen gelöst werden, es verlangt vielmehr, dass man eine Frage aufgreift, sich gründlich mit ihr befasst, sie untersucht, sie in einem Gesetzesentwurf formuliert und schließlich durch die Gesetzgebung löst. Wenn eine Frage gelöst ist, stellt sich die nächste, und mit den gleichen Verfahren der Untersuchung, der Einsatzbereitschaft und Ausdauer wird man auch diese zweite Frage lösen, und schließlich zur dritten übergehen. Der Erfolg der republikanischen Regierungsform, die Grundlage für die täglich wachsende Zustimmung der ländlichen Massen, der Kleinbesitzer, der Bürger, der Arbeiter, ohne die Sie nicht leben oder gar regieren könnten […], ist, dass seit zehn Jahren nicht nur auf der Straße Ordnung geherrscht hat, sondern auch im Geist der Menschen.

Zit. nach: Histoire, hrsg. von Guillaume Le Quintrec, Paris 2001, S. 149. Übers. L. Reumund.

31 „Verfassung der III. Republik 1875".

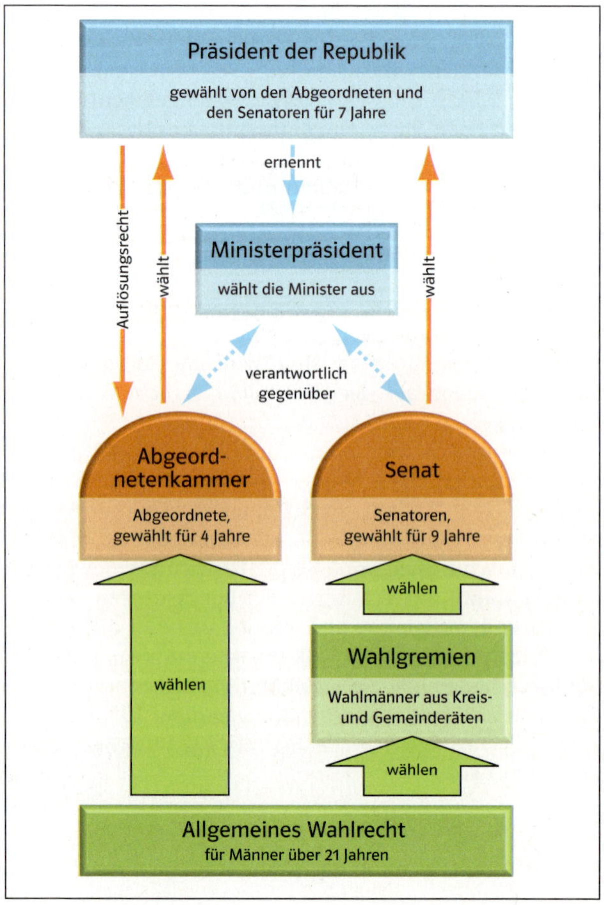

32 Debatte im Abgeordnetenhaus. Gemälde von Benjamin Ulmann (1829–1884).

33 Gegen den Parlamentarismus: *Programm des Boulangisten Maurice Barrès bei seiner Kandidatur für die Parlamentswahlen, Nancy 1889.*

I. Revision der Verfassung durch eine zu diesem Zweck durch allgemeine Wahlen ernannte Versammlung, um zu einer definitiven und allgemein anerkannten Republik zu gelangen.

II. Abschaffung des parlamentarischen Systems, das uns sowohl unter der Republik als auch unter der Monarchie nur Zeugnisse der Machtlosigkeit und Korruption geliefert hat.

III. Absolute Trennung von gesetzgebender und ausführender Gewalt, beide durch allgemeine Wahlen eingesetzt.

IV. Unterordnung der Minister und anderen Beamten unter die ausführende Gewalt.

V. Absegnung der Verfassung durch das Volk.

VI. Unterwerfung solcher Fragen unter Volksentscheid, die schwere Konflikte hervorrufen könnten und die nur die Nation lösen kann, zum Beispiel die Frage der Trennung von Kirche und Staat oder der Beibehaltung des Konkordats.

VII. Verpflichtung der Abgeordneten, in jeder Departementshauptstadt ihres Wahlkreises während der sitzungsfreien Zeit für ihr Mandat Rechenschaft abzulegen. [...]

Zit. nach: Histoire, hrsg. von Guillaume Le Quintrec, Paris 2001, S. 155. Übers. L. Reumund.

34 Ein Kampfprogramm gegen die Republik: *Von den Anhängern der 1899 gegründeten Ligue d'Action française unterzeichnete Erklärung.*

Als Franzose von Geburt und aus Überzeugung, aus Vernunft und Willenskraft, werde ich alle Pflichten eines gewissenhaften Patrioten erfüllen. Ich verspreche, jedes republikanische System zu bekämpfen. Die Republik in Frankreich ist die Herrschaft des Auslands. Der republikanische Geist ersetzt die nationale Verteidigung und fördert religiöse Einflüsse, die dem traditionellen Katholizismus offen feindselig gegenüberstehen. Wir müssen Frankreich ein System geben, das französisch ist.

Unsere einzige Zukunft ist die Monarchie, wie sie in der Person des ehrwürdigen Herzogs von Orleans repräsentiert ist, dem Erben der vierzig Könige, die seit tausend Jahren Frankreich verkörperten. Einzig die Monarchie sichert das Gemeinwohl, ist Garant für Ordnung, verhindert die gesellschaftlichen Übel, wie sie von Antisemitismus und Nationalismus angeprangert werden. Durch die Monarchie, dem notwendigen Organ für alle nationalen Interessen, werden Autorität und Freiheiten, Wohlstand und Ehre wieder aufgerichtet. Ich nehme teil am Werk der Wiederherstellung der Monarchie. Ich verpflichte mich, ihr zu dienen mit allen Mitteln.

Zit. nach: Histoire, hrsg. von Guillaume Le Quintrec, Paris 2001, S. 155. Übers. L. Reumund.

35 Die Bedeutung der Revolution von 1789 für Frankreich. *Musterlösung eines Schulaufsatzes in der Oberstufe von 1886: Zum Andenken an das Föderationsfest vom 14. Juli 1790 wurde im Jahre 1880 der 14. Juli als Nationalfeiertag festgelegt.*

Morgen ist der 14. Juli, der Tag zur Feier unserer Nation, den zu feiern sich jedermann festlich vorbereitet. Wohin man auch schaut, überall Fahnen, Girlanden, Triumphbögen [...]. Es ist das Fest Frankreichs! Alle Franzosen werden es feiern. Oh, welch große Erinnerungen liegen in diesem Datum des 14. Juli. Zuerst 1789 der Sturm auf die Bastille, die erste Etappe der Revolution; dann dieser wunderbare Tag der Föderation, ein Tag der Freude und Begeisterung [...]; schließlich ein 14. Juli, der noch nicht weit zurückliegt und an den wir uns alle erinnern: die Überreichung der Fahnen[1], zu der wir freudig applaudiert haben. In diesem verfluchten Krieg von 1870 hatte unsere Armee fast alle ihre Standarten verloren; nun schenkte das Vaterland ihr neue Fahnen [...]. An diesem Tag der Freude schicken wir unseren tapferen Regimentern von Tonkin unsere Anerkennung und Bewunderung. Allen Franzosen, die nicht im Lande sind, wünschen wir Glück. Doch lassen Sie uns vor allem unsere tiefsten Gedanken denjenigen widmen, die nicht wie wir, an diesem schönen Tag, die Feier des Vaterlandes begehen können. Diese Menschen leiden schon seit langen Jahren, und können doch nicht vergessen. Franzosen, ein Gruß an unsere Brüder in Elsass und Lothringen!

Zit. nach: Histoire, hrsg. von Guillaume Le Quintrec, Paris 2001, S. 150. Übers. L. Reumund.

1 Am 14. Juli 1880 wurden mehreren Regimentern der Armee Fahnen überreicht.

36 Erklärung der Rechte der Frau und Bürgerin, *verfasst von Olympe de Gouges, 1791:*

Wir, Mütter, Töchter, Schwestern, Vertreterinnen der Nation, verlangen, in die Nationalversammlung aufgenommen zu werden. In Anbetracht dessen, dass Unwissenheit, Vergesslichkeit oder Missachtung der Rechte der Frauen die alleinigen Ursachen öffentlichen Elends und der Korruptheit der Regierungen sind, haben wir uns entschlossen, in einer feierlichen Erklärung die natürlichen, unveräußerlichen und heiligen Rechte der Frau darzulegen, auf dass diese Erklärung allen Mitgliedern der bürgerlichen Gesellschaft ständig vor Augen, sie unablässig an ihre Rechte und Pflichten erinnert; auf dass die Machtausübung von Frauen ebenso wie jene von Männern jederzeit am Zweck der politischen Einrichtungen gemessen und somit auch mehr geachtet werden kann; auf dass die Beschwerden von Bürgerinnen, nunmehr gestützt auf einfache und unangreifbare Grundsätze, sich immer zur Erhaltung der Verfassung, der guten Sitten, und zum Wohl aller auswirken mögen. Das an Schönheit wie Mut im Ertragen der Mutterschaft überlegene Geschlecht anerkennt und erklärt somit, in Gegenwart und mit dem Beistand des Allmächtigen, die folgenden Rechte der Frau und Bürgerin:

I. Die Frau ist frei geboren und bleibt dem Manne gleich in allen Rechten. Die sozialen Unterschiede können nur im allgemeinen Nutzen begründet sein.

II. Ziel und Zweck jedes politischen Zusammenschlusses ist der Schutz der natürlichen und unveräußerlichen Rechte sowohl der Frau als auch des Mannes. Diese Rechte sind: Freiheit, Sicherheit, das Recht auf Eigentum und besonders das Recht auf Widerstand gegen Unterdrückung.

III. Die Legitimität jeder Herrschaft ruht wesentlich in der Nation, die nichts anderes darstellt als eine Vereinigung von Frauen und Männern. Keine Körperschaft und keine einzelne Person kann Macht ausüben, die nicht ausdrücklich daraus hervorgeht.

IV. Freiheit und Gerechtigkeit bestehen darin, den anderen zurückzugeben, was ihnen gehört. So wird die Frau an der Ausübung ihrer natürlichen Rechte nur durch die fortdauernde Tyrannei, die der Mann ihr entgegensetzt, gehindert. Diese Schranken müssen durch Gesetze der Natur und Vernunft revidiert werden.

V. [Respektierung der Gesetze der Natur und Vernunft]

VI. Recht und Gesetz sollten Ausdruck des Gemeinwillens sein. Alle Bürgerinnen und Bürger sollen persönlich oder durch ihre Vertreter an ihrer Gestaltung mitwirken. Es muss für alle das gleiche sein. Alle Bürgerinnen und Bürger, die gleich sind vor den Augen des Gesetzes, müssen gleichermaßen nach ihren Fähigkeiten, ohne andere Unterschiede als die ihrer Tugenden und Talente, zu allen Würden, Ämtern und Stellungen im Öffentlichen Leben zugelassen werden.

VII.–IX. Für Frauen gibt es keine Sonderrechte; sie werden verklagt, in Haft genommen und gehalten, wo immer es das Gesetz vorsieht. Frauen unterstehen wie Männer den gleichen Strafgesetzen. [...]

X. Wegen seiner Meinung, auch wenn sie grundsätzlicher Art ist, darf niemand verfolgt werden. Die Frau hat das Recht, das Schafott zu besteigen. Sie muss gleichermaßen das Recht haben, die Tribüne zu besteigen, vorausgesetzt, dass ihre Handlungen und Äußerungen die vom Gesetz gewahrte öffentliche Ordnung nicht stören.

XI. Die freie Gedanken- und Meinungsäußerung ist eines der kostbarsten Rechte der Frau, denn diese Freiheit garantiert die Vaterschaft der Väter an ihren Kindern. Jede Bürgerin kann folglich in aller Freiheit sagen: „Ich bin die Mutter eines Kindes, das du gezeugt hast", ohne dass ein barbarisches Vorurteil sie zwingt, die Wahrheit zu verschleiern. Dadurch soll ihr nicht die Verantwortung für den Missbrauch dieser Freiheit in den Fällen, die das Gesetz bestimmt, abgenommen werden,

XII. Die Garantie der Rechte der Frau und Bürgerin soll dem allgemeinen Nutzen dienen. Diese Garantie soll zum Vorteil aller, und nicht zum persönlichen Vorteil derjenigen, denen sie anvertraut ist, sein.

XIII. Für den Unterhalt der Polizei und für die Verwaltungskosten werden von der Frau wie vom Manne gleiche Beträge gefordert. Hat die Frau teil an allen Pflichten und Lasten, dann muss sie ebenso teilhaben an der Verteilung der Posten und Arbeiten in niederen und hohen Ämtern und im Gewerbe.

XIV. Die Bürgerinnen und Bürger haben das Recht, selbstlos oder durch ihre Repräsentanten über die jeweilige Notwendigkeit der öffentlichen Beiträge zu befinden. Die Bürgerinnen können dem Prinzip, Steuern in gleicher Höhe aus ihrem Vermögen zu zahlen, nur dann beipflichten, wenn sie an der öffentlichen Verwaltung teilhaben und die Steuern, ihre Verwendung, ihre Einbeziehung und Zeitdauer mit festsetzen.

XV. Die weibliche Bevölkerung, die gleich der männlichen Beiträge leistet, hat das Recht, von jeder öffentlichen Instanz einen Rechenschaftsbericht zu verlangen.

XVI. Eine Gesellschaft, in der die Garantie der Rechte nicht gesichert und die Trennung der Gewalten nicht festgelegt ist, hat keine Verfassung. Es besteht keine Verfassung, wenn die Mehrheit der Individuen, die das Volk darstellt, an ihrem Zustandekommen nicht mitgewirkt hat.

XVII. Das Eigentum gehört beiden Geschlechtern vereint oder einzeln. Jede Person hat darauf ein unverletzliches und heiliges Anrecht. Niemandem darf es als eigentliches Erbteil vorenthalten werden, es sei denn, eine öffentliche Notwendigkeit, die rechtmäßig ausgewiesen wurde, mache es erforderlich, natürlich unter der Voraussetzung einer gerechten und vorher festgesetzten Entschädigung.

Susanne Petersen, Marktweiber und Amazonen, Köln 1987, S. 89–94.

37 Ich will keine Frauen in der Politik, *erklärte der Sozialist Proudhon 1856 in einem Brief an eine Feministin:*

Ich habe gesagt, [...] dass die Natur der Frau als Inkarnation des Ideals dem Manne überlegen zu sein scheint, der für sich kaum mehr als die Kraft geltend machen kann; dass, während er für die Zweckmäßigkeit sorgt, sie allein Glück verschafft, und dass sie aus diesem Grunde roher und abstoßender Arbeit fernbleiben sollte. Ich will keine Frauen in der Politik, weil die Politik Krieg bedeutet. Ich will keine Frau in der Rechtsprechung, Polizei oder Regierung, weil das immer Krieg bedeutet.

Der Mann hat mehr Nerven- und Muskelkraft als die Frau [...], ebenso mehr intellektuelle Kraft. [...] Ich sage, dass das Reich der Frau in der Familie liegt.

Zit. nach: Histoire, hrsg. von Guillaume Le Quintrec, Paris 2001, S. 143. Übers. L. Reumund.

38 Herausbildung einer republikanischen Tradition: L'apothéose de la République.
Allegorie 1889.

Arbeitsvorschläge

1. Vergleichen Sie die Forderungen von Abbé Sieyès (M8) mit der weiteren Entwicklung nach 1789.
2. Diskutieren Sie die Bedeutung der Revolution von 1789 für die weitere Geschichte Frankreichs im 19. Jahrhundert (M7, M35, M37).
3. Schreiben Sie einen Essay: Frankreich – ein Hort der Revolution? (M4, M5, M6, M10, M27, M25, M26).
4. Vergleichen Sie die Erklärung der Menschenrechte (M1, M9) mit den Präambeln der französischen Verfassungen von 1791 (M11), 1814 (M13) und 1852 (M20).
5. Welche Botschaften versuchen Napoléon I. (M2), Karl X. (M3), König Louis-Philippe (M16) und Napoléon III. (M17) mit diesen Gemälden zu vermitteln? Erläutern und diskutieren Sie die Funktion und mögliche Wirkung derartiger Bilder.
6. Wie versucht Olympe de Gouges (M36) die Rechte der Frau zu begründen? Vergleichen sie diese mit M37.
7. Verfassen Sie ein mögliches Streitgespräch zwischen den Befürwortern und den Gegnern des allgemeinen Wahlrechts. Beziehen Sie M15, M18, M23 mit ein.
8. Vergleichen Sie die Rolle der Legislative in den französischen Verfassungen von 1791 (M11, M12), 1814 (VT, M13), 1852 (M19) und 1875 (M31).
9. Informieren Sie sich über die innenpolitischen Verhältnisse in Frankreich nach 1871. Suchen Sie nach Erklärungen für die unterschiedliche Haltung der Franzosen zur Republik (M31, M33, M34).

4 Die Entstehung des deutschen Parlamentarismus im 19. Jahrhundert

Der lange Schatten der 'Grande Revolution': Verfassungsdiskussion in Deutschland um 1800
Als Anne-Louise Germaine, genannt Madame de Staël, 1813 ihre Erfahrungen eines Deutschland-Aufenthaltes im weit verbreiteten Buch „De l'Allemagne" in Frankreich veröffentlichte, stellte sie ernüchtert fest: „Die Freiheitsliebe ist bei den Deutschen nicht entwickelt." Das Ausbleiben von Revolutionen und das Fehlen von Verfassungen in den Mitgliedsstaaten des ehemaligen Heiligen Römischen Reiches Deutscher Nation bestimmten dabei ihr Urteil. Und doch beeinflusste die Diskussion um eine Reform des Staatswesens einen großen Teil der intellektuellen Öffentlichkeit bereits seit der Zeit des ‚aufgeklärten Absolutismus' in Preußen. Mit den vorsichtigen Reformen Friedrichs II. (des „Großen"), so dem Allgemeinen Landrecht von 1794, das den Untertanen neben Pflichten auch verbriefte Rechte zusicherte, konnte der Monarchie das Ansehen gerettet werden, das der Absolutismus in Frankreich vor 1789 verspielt hatte. Das zunehmend selbstbewusste Bürgertum in den Städten verlangte jedoch weitere Zugeständnisse, die Immanuel Kant in seiner 1795 vorgelegten Schrift „Zum ewigen Frieden" auf die Formel brachte, dass die „bürgerliche Verfassung in jedem Staat [...] republikanisch sein" müsse. In seinen Augen sollte „alle Politik [...] ihre Knie vor dem Recht beugen". Gleichzeitig wurden die Freiheitsbewegungen der nordamerikanischen Kolonien und die Auswirkungen der französischen Revolution in literarischen Salons und Zeitungen der deutschen Staaten mit großem Interesse verfolgt. Die Ideale von 1789 - Freiheit, Gleichheit und Brüderlichkeit - wirkten auf das deutsche Bürgertum anziehend. Der Ruf nach Reformen wurde immer lauter. 1797 verlangte Karl Freiherr vom Stein, zu dieser Zeit Präsident der Märkischen Kriegs- und Domänenkammer im westfälischen Hamm, eine „große Reform der Grundsätze und der Menschen". In Bayern entwarf der Geheimrat und spätere Minister Maximilian Joseph von Montgelas im ‚Ansbacher Mémoire' seine Vorstellungen einer Reform des bayerischen Staatswesens, dessen Zustand er hart kritisierte: „Der sicherste Beweis dafür, dass Bayern das irdische Paradies Deutschlands ist, liegt in der Tatsache, dass diese Provinz [...] bisher imstande gewesen ist, eine Regierung zu ertragen, die allgemein als die schlechteste aller schlechten Regierungen Europas anerkannt ist."
Die Epoche des modernen Verfassungsstaates begann in Deutschland jedoch erst mit der Hegemonie des napoleonischen Frankreich. Das von Napoleon als Modellstaat gegründete und von seinem Bruder Jerome geführte Königreich Westfalen erließ 1807 eine Verfassung, die jedoch kaum politische Mitwirkungsrechte der Bevölkerung vorsah. In den „westfälischen Reichstag" sollten nur Angehörige der Oberschicht einziehen. Das Gremium hatte keinen Einfluss auf Gesetzgebung und Steuerbewilligung. Auch die Arbeit der Regierung konnte nicht kontrolliert werden. Ähnlich waren die Verhältnisse in Bayern, wo die 1808 verabschiedete Verfassung nur geringe Zugeständnisse an liberale Freiheitsvorstellungen machte. Neu waren jedoch die vor allem im Königreich Westfalen garantierten Grundrechte, so etwa die Gleichheit vor dem Gesetz und die religiöse Freiheit. Im Kern liefen diese am französischen ‚Code Civil' orientierten Regeln auf eine Abschaffung jeglicher Privilegien, vor allem des Adels, hinaus und standen am Beginn der Entwicklung zur bürgerlichen Gesellschaft des 19. Jahrhunderts.
Auch in Preußen schuf erst die Existenzkrise nach der Niederlage gegen Napoleon die Voraussetzungen für eine grundlegende Staatsreform, die nach dem Willen der beteiligten Staatsmänner durch eine Verfassung gekrönt werden sollte. Die preußische Reformpolitik in den Jahren nach 1806 ist verbunden mit dem Wirken des Staatsministers Karl Freiherr vom Stein und des Staatskanzlers Karl August von Hardenberg, die - gegen massive Widerstände der Konservativen - das Staatswesen auf eine neue Grundlage stellten. Nur durch rechtzeitige und umwälzende Reformen, die schließlich in den Bereichen Bildung, Landwirtschaft, Städtewesen, Mili-

1 **Der Wiener Kongress**, Gemälde von Jean Babtiste Isabey 1819.

tär, Finanzen und Wirtschaft umgesetzt wurden, konnte nach Ansicht von Stein und Hardenberg der Revolution vorgebeugt werden. Dazu sollte auch die angestrebte Verfassung dienen, die neben Grundrechtsgarantien ein gewähltes Parlament der „Reichsstände" vorsah, das „der Nation eine wirksame Teilnahme an der Gesetzgebung zusichert, um hierdurch den Gemeinsinn und die Liebe zum Vaterlande dauerhaft zu begründen", wie Stein am 26. September 1808 verkündete. Auf Drängen Hardenbergs, gab der preußische König Friedrich Wilhelm III. 1810 ein Verfassungsversprechen ab, das „der Nation eine zweckmäßig eingerichtete Repräsentation sowohl in den Provinzen als für das Ganze zu geben" zusicherte, „deren Rat Wir gern benutzen [...] werden". Obwohl dieses Versprechen mehrfach erneuert wurde, scheiterte dessen Einlösung schließlich am Widerstand der Anhänger der altständischen Ordnung, die ihre gesellschaftliche Stellung durch ein bürgerliches Repräsentativsystem bedroht sahen. Der preußische König fürchtete um die Stellung der Monarchie, obwohl Hardenberg betont hatte, dass es um eine konstitutionelle Verfassung ging, deren leitendes Prinzip die Verbindung von „demokratischen Grundsätzen mit monarchischer Regierung sei" und man die „reine Demokratie [...] noch dem Jahre 2440 überlassen [müsse], wenn sie anders je für den Menschen gemacht" sei. Die Niederlage Napoleons schwächte auch den Reformdruck; aus Sicht des preußischen Königs war eine Repräsentativverfassung nicht mehr erforderlich. Die alten feudalen und monarchischen Kräfte brachten die liberale Bewegung vorläufig zum Erliegen.

2 **Karl von Baden (1786–1818)**, Kupferstich von Ludwig Portmann. Zwischen 1811 und 1818 Großherzog, erließ Karl im letzten Jahr seiner Regentschaft die badische Verfassung, die zu den fortschrittlichsten des frühen 19. Jahrhunderts zählte.

Zwischen Reform und Restauration: Der deutsche Frühkonstitutionalismus

Nach der Niederlage Napoleons 1815 verhandelten die Staatsmänner Europas auf dem Wiener Kongress über die Neuordnung des Kontinents. Auch die politischen Verhältnisse in Deutschland standen dabei zur Debatte. Die Furcht vor neuen politischen Erschütterungen führte schließlich zu einer Politik der Restauration. Die bei vielen Bürgern in den Kämpfen gegen Napoleon entzündete Hoffnung auf nationale Einigung und Freiheit, wurde von den in Wien versammelten Staatsmännern, allen voran dem österreichischen Staatskanzler Clemens Fürst von Metternich, enttäuscht. Der neu gegründete Deutsche Bund besaß weder ein gemeinsames Staatsoberhaupt, noch eine Bundesregierung oder gar eine durch Wahlen legitimierte Volksvertretung. Die schließlich 1815 verabschiedete Wiener Bundesakte, enthielt nur den unverbindlichen Satz, dass in „allen Bundesstaaten eine landständische Verfassung" stattfinden werde, ohne jedoch einen konkreten Zeitraum der Verwirklichung oder konkrete Vorgaben zur Ausgestaltung zu nennen. So blieb unklar, ob in den deutschen Staaten lediglich die alten ständischen Vertretungen ohne Legitimation durch Wahlen wiederhergestellt oder doch eine fortschrittliche Repräsentation in Parlamenten etabliert werden sollte. Die Wiener Schlussakte von 1820 machte den Bundesstaaten schließlich die Wahrung der monarchischen Rechte zur Pflicht.

So entwickelte sich nach 1815 die Verfassungsgebung in Deutschland zwar unterschiedlich in Fragen der Mitwirkungsrechte und Wahl ihrer repräsentativen Organe. Überall jedoch schützten die Staatsoberhäupter im Grundsatz ihren Einfluss auf die gesetzgebende (Legislative) und ausführende (Exekutive) Gewalt. Zu den ersten modernen Verfassungen zählten dabei diejenigen der süddeutschen Staaten. Sie hatten ihre Territorien vor allem in der Folge des Reichsdeputationshauptschlusses von 1803 bedeutend vergrößert und mussten nunmehr die neu hinzugewonnenen Gebiete mit den angestammten Gebieten zu einer staatlichen Einheit zusammenfügen. Die Verfassung diente dabei als zentralistische Klammer, die eine Identität aller Bevölkerungsgruppen gleich welcher regionaler oder religiöser Herkunft mit dem Staat und seinem Monarch, stiften sollte. Dabei kam einer gewählten Volksvertretung eine zentrale Bedeutung zu. Nur sie repräsentierte einen gemeinsamen Staatssinn und einen gemeinsamen politischen Willen von alten und neuen „Untertanen". Nach dem Vorbild der französischen Charta von 1814 entstanden die ersten geschriebenen Verfassungen, die wichtige Merkmale einer konstitutionellen Regierungsform enthielten: Zweikammersystem, juristische Ministerverantwortlichkeit, Zensuswahlrecht sowie freies Abgeordnetenmandat.

4

Das badische Ständehaus

Zwischen 1803 und 1810 wuchs Baden unter anderem durch den Zugewinn des Breisgau und der rechtsrheinischen Kurpfalz um ein Vielfaches seiner bisherigen Größe. Ohne landesherrlichen Impuls fielen dem Land dadurch auch die traditionsreichen Universitäten von Freiburg und Heidelberg zu, die fortan die Bildungslandschaft der Region maßgeblich prägten. Eine Verfassung wurde nach jahrelanger Vorarbeit und kontroversen Diskussionen von Großherzog Karl Friedrich von Baden am 22. August 1818 unterzeichnet, der dabei weniger aus liberaler Überzeugung, sondern vielmehr aus Gründen der Staatsräson handelte. Die von Karl Friedrich Nebenius entworfene Verfassung war für die Verhältnisse der Zeit sehr fortschrittlich. Eingeführt wurde - wie in allen süddeutschen Staaten - ein Modell mit zwei Kammern, von denen sich die erste hauptsächlich aus Vertretern des Adels, die zweite dagegen aus Repräsentanten des Bürgertums zusammensetzte. Die Zweite Kammer, die ab 1822 im ersten deutschen Parlamentsgebäude, dem Ständehaus in Karlsruhe, tagte, war nicht nach sozialem Status, sondern nach regionaler Zugehörigkeit besetzt. Aus den Städten und Ämtern des Großherzogtums konnten 63 Abgeordnete von etwa 2 500 Wahlmännern entsandt werden, die zuvor in freier und geheimer, jedoch nicht gleicher Wahl bestimmt worden waren. Das aktive Wahlrecht war an das Steueraufkommen der Bürger geknüpft. Immerhin waren insgesamt 17% der Bevölkerung wahlberechtigt und damit weit mehr als in allen anderen konstitutionellen Staaten des Deutschen Bundes. Das passive Wahlrecht (Wählbarkeit) stand dagegen lediglich 0,65% der Bevölkerung zu, das waren aber immer noch deutlich mehr als etwa in Frankreich (0,05%). Ohne die Zustimmung beider Kammern konnte in Baden fortan kein Gesetz erlassen und keine Steuer erhoben werden. Umstritten waren die Kompetenzen der Abgeordneten im Hinblick auf das Budgetrecht, das heißt die Genehmigung des Staatshaushaltes. Die Frage, ob das Budget im Ständehaus lediglich geprüft oder doch bewilligt werden musste, führte immer wieder zu Konflikten. Die Regierung war dem Parlament verantwortlich, ihre Minister konnten im Falle von Verfassungsverletzungen angeklagt werden. Dem Regenten blieb allerdings eine starke Stellung: Nur ihm war die Gesetzesinitiative vorbehalten. Auswärtige Beziehungen und die Befehlsgewalt über das Militär lagen ebenfalls weiter ungeteilt in seinen Händen. Er konnte den Landtag einberufen, vertagen oder auflösen. Dieses Vorrecht wurde nur eingeschränkt durch die Gewähr der Periodizität: Mindestens alle zwei Jahre musste das Parlament tagen.

Langfristig bedeutender als die konkreten Einflussmöglichkeiten des Ständehauses war die öffentliche Wirkung seiner Arbeit. Debatten wurden weitgehend unzensiert veröffentlicht. Politische Fragen wurden auch weit über die Grenzen des Parlaments hinaus kontrovers diskutiert. Gerade liberale Politiker fanden im Karlsruher Abgeordnetenhaus eine Bühne für ihre Argumente und beeinflussten die öffentliche Meinungsbildung. Badische Politiker wie Carl Theodor von Welcker oder Karl von Rotteck prägten die liberale Bewegung der ersten Hälfte des 19. Jahrhunderts. Der autoritäre Ludwig I. von Baden, seit Ende 1818 im Amt, versuchte die parlamentarische Arbeit zu blockieren. So veranlasste er 1825 rücksichtslose Wahlmanipulationen, die eine regierungstreue Kammermehrheit zur Folge hatten. Eine politische „Tauwetterperiode" unter der Regierung des fortschrittlichen Großherzogs Leopold seit 1830, die in der Verkündung absoluter Pressefreiheit gipfelte, wurde vom Deutschen Bund rasch beendet. Die folgenden Jahre blieben gekennzeichnet von den fortwährenden Auseinandersetzungen zwischen monarchisch und liberal gesinnten Abgeordneten, die zu einer Radikalisierung der politischen Stimmung führten und schließlich nicht ohne Einfluss auf die Ereignisse der Jahre 1848/49 bleiben sollte.

Der bayerische Landtag

Auch in Bayern bildete die territoriale Expansion in den ersten Jahren des 19. Jahrhunderts den Hauptgrund für die Verabschiedung einer Verfassung. Bereits in der Zeit des Rheinbundes hatte sich unter der Leitung des Ministers Maximilian von Montgelas eine zentralistische Verwaltung gebildet, die aus den ökonomisch, sozial, vor allem aber religiös sehr unterschiedlichen Landesteilen einen Einheitsstaat schaffen sollten. Bei der am 24. Mai 1818 von König Maximilian I. unterzeichneten Verfassung, die auf einem bereits 1808 erarbeiteten Text beruhte, waren - wie in anderen Verfassungsstaaten auch - repräsentative Elemente vorgesehen. Besonders klar jedoch wurde die weiterhin souveräne Stellung des Monarchen „von Gottes Gnaden" betont, der die Staatsgewalt „unter den von Ihm gegebenen in der gegenwärtigen Verfassungs-Urkunde festgesetzten Bestimmungen" ausübe. Auch in Bayern wurde ein Zweikammersystem eingeführt. Der ebenfalls überwiegend aus Angehörigen des Adels zusammengesetzten Ersten Kammer stand die aus fünf fest gefügten gesellschaftlichen Gruppen bestehende Zweite Kammer gegenüber. Dort hatten nach dem Schlüssel „ein Abgeordneter je 7000 Familien" adlige Grundbesitzer, Geistliche der protestantischen und katholischen Kirche, Vertreter der Städte und Märkte, nichtadlige Landeigentümer sowie Vertreter der Universitäten Sitz und Stimme. Die liberalen Einflüsse im bayerischen Landtag standen gegenüber denen im badischen Ständehaus deutlich zurück. Zudem waren aktives und passives Wahlrecht noch enger gefasst und galten nur für einen besonders vermögenden Kreis der Bevölkerung. Die Kompetenzen des Parlamentes in München waren jedoch mit jenen Badens, Württembergs und Hessens fast identisch und unterstrichen die rechtliche Selbstbindung der monarchischen Gewalt durch die Verfassung. Wie in den anderen süddeutschen Staaten blieb die Realität des repräsentativen Systems geprägt von dauernden Auseinandersetzungen zwischen reaktionären, königstreuen Kräften, die auf die Einschränkung der parlamentarischen Befugnisse zielten, und liberalen Elementen, die sich für einen Ausbau des konstitutionellen Systems einsetzten. Das galt insbesondere für die nicht zum bayerischen Kernland gehörenden Abgeordneten der Pfalz, die, von den Entwicklungen im benachbarten Baden beeinflusst, auf weitere Reformen drängten und 1832 einen entscheidenden Impuls zur Massendemonstration für Einheit und Freiheit auf dem Hambacher Schloss gaben.

Provinzialstände und Vereinigter Landtag in Preußen

Trotz mehrfacher Zusagen des Königs Friedrich Wilhelm III. blieb Preußen bis zur Mitte des 19. Jahrhunderts ohne Verfassung. Dabei galt der Staat aufgrund seiner Reformpolitik bis 1815 als Vorbild, mitunter gar als Zentrum des Liberalismus. Doch bereits die Stein-Hardenbergschen Reformen hatten die Geduld der preußischen

3 Eröffnung des ersten bayerischen Landtages am 4. Februar 1819. Lithographie von Domenico Quaglio 1820.

Konservativen strapaziert. Sie sahen sich in dem vom Wiener Kongress ausgehenden Willen zur Restauration der politischen Verhältnisse bestärkt und drängten den König zum Bruch seiner konstitutionellen Versprechen, die er freilich auf Drängen seines Kanzlers Hardenberg noch während des Kongresses erneuert hatte. Aus den Ständen der weit verstreuten preußischen Provinzen sollte eine „Versammlung der Landes-Repräsentanten" als „allgemeiner Landtag" gebildet werden. Dieses Parlament sollte allerdings nur beratend auf die Gesetzgebung wirken, „welche die persönlichen und Eigentumsrechte der Staatsbürger, mit Einschluss der Besteuerung" betraf. Von direkter Wahl des Gremiums war keine Rede und auch die Wählbarkeit sollte auf den vermögenden Teil der Bevölkerung beschränkt bleiben. Mit der Kabinettsordre vom 11. Juni 1821 rückte Friedrich Wilhelm III. schließlich endgültig von seinem Verfassungsversprechen ab und enttäuschte die Hoffnungen der reformerischen Kräfte im Land nachhaltig. Die seit 1823 eingesetzten „Provinzialstände" als ständische Vertretungen in den Provinzen hatten tatsächlich, mit Ausnahme einiger Selbstverwaltungsaspekte, nur beratende Funktion und waren weitgehend vom Adel dominiert. Jedoch waren, vor allem in den Provinziallandtagen der industriell geprägten Regionen, so im Rheinland, in Westfalen oder Oberschlesien, seit den 1840er Jahren oppositionelle liberale Strömungen zu spüren, die auch die Diskussion der Verfassungsfrage wieder auf die politische Tagesordnung setzten. Der öffentliche Druck veranlasste den seit 1840 amtierenden König Friedrich Wilhelm IV. schließlich, mit Gesetz vom 3. Februar 1847 einen aus allen Provinzialständen gebildeten „Vereinigten Landtag" einzuberufen, der wenig später zu seiner ersten Sitzung zusammentrat und in dem die Liberalen eine deutliche Mehrheit stellten. Auch dieses Gremium blieb vorwiegend auf die Beratung von Gesetzen beschränkt, mit einer bedeutenden Ausnahme: In Finanzfragen war die preußische Regierung von der Zustimmung des Landtages abhängig. Da der König dem „Vereinigten Landtag" ein garantiertes periodisches Zusammentreffen verweigerte, lehnten die Abgeordneten den Regierungsantrag zur Aufnahme einer für die Finanzierung der Bahnlinie von Berlin nach Königsberg dringend benötigten Anleihe ab. Das machtpolitische Kräftemessen zeigte die zunehmende Handlungsunfähigkeit der preußischen Regierung; mit Ausnahme einiger weniger hochkonservativer Abgeordneter, wie etwa Otto von Bismarck, richtete sich aus dem Landtag die Forderung nach einer modernen Repräsentativverfassung immer drängender an die Krone, die sich seit dem Frühjahr 1848 endgültig in der politischen Defensive befand.

Im Ringen um Freiheit und Einheit: Revolution und Parlament 1848/49

Die Jahre des Vormärz zwischen 1815 und 1848 waren in nahezu allen Staaten des Deutschen Bundes geprägt von Repression gegen nationale und freiheitliche Bewegungen, die gleichwohl auf immer stärkere Resonanz stießen. Das zeigte sich auf dem Hambacher Fest 1832, bei dem fast 30 000 Menschen für Einheit, Freiheit und Demokratie im Deutschen Bund demonstrierten. Immerhin war es infolge der französischen Julirevolution 1830 zu einer zweiten Verfassungswelle gekommen, sodass in den 1840er Jahren von den bedeutenderen Staaten lediglich Preußen und Österreich weiter ohne Verfassung regiert wurden. In Braunschweig, Hessen, Hannover und Sachsen wurden moderne Verfassungen verabschiedet, die den Landtagen Gesetzesinitiativrecht und Budgetrecht einräumten, worauf der Deutsche Bund mit massiven Einschränkungen politischer Betätigungsmöglichkeiten antwortete und die Landesregierungen zur Wahrung des monarchischen Prinzips ermahnte. Am schärfsten fiel die Reaktion in Hannover aus. Dort hatte König Wilhelm IV. 1830 unter dem Eindruck der Unruhen in seinem Land eine liberale Verfassung erlassen. Sein Nachfolger Ernst August hob sie jedoch 1837 wieder auf. Gegen diesen Schritt protestierten sieben Göttinger Professoren öffentlich und wurden daraufhin vom König

entlassen. Die „Göttinger Sieben" wurden zu Symbolfiguren der politischen Ansprüche des liberalen Bürgertums. Auch in anderen Bundesstaaten kam es in der Folgezeit zu Konflikten zwischen monarchischer Regierung und den Parlamenten, in Baden gar 1843 zu einem ersten Missbilligungsvotum gegen das Ministerium. Unter dem Eindruck dieser zunehmenden Polarisierung entwickelten sich die bestehenden Zweiten Kammern zu „Vorschulen der Parlamentarisierung" (Hartwig Brandt). Erste politische Vereine bildeten sich, begabte Politiker übten sich im parlamentarischen Geschäft.
Doch erst die Februarrevolution in Frankreich 1848 ebnete den Weg zur Einlösung einer liberalen Kernforderung, der Einberufung eines gesamtdeutschen Parlaments. Einen entscheidenden Impuls erhielt dieser Anspruch durch die Heidelberger Versammlung vom 5. März 1848, auf der 51 liberale Politiker die Einberufung einer Nationalversammlung forderten, unter ihnen Heinrich von Gagern, Friedrich Hecker, Gustav Struve, Carl Theodor Welcker und Georg Gottfried Gervinius. So einig man sich im Ziel war, so unterschiedlich waren die Auffassungen über den Weg dorthin. Die gemäßigten Liberalen unter der Führung von Heinrich von Gagern sprachen sich für die Vorbereitung einer konstitutionellen Monarchie aus, während die Demokraten in den Worten Gustav Struves eine „Sociale Demokratie" nach dem Vorbild der Vereinigten Staaten anstrebten. Man einigte sich auf die Einsetzung eines „Siebenerausschusses", der zu einem „Vorparlament" zur Vorbereitung eines nationalen Abgeordnetenhauses nach Frankfurt am Main einlud.

Die Frankfurter Nationalversammlung

Das „Vorparlament", zusammengesetzt aus 561 Delegierten der Landtage, tagte – inmitten revolutionärer Wirren – vom 31. März bis zum 3. April 1848. Die Teilnehmer verständigten sich über die Wahl einer deutschen Nationalversammlung. Ein „Fünfziger-Ausschuss" wurde ermächtigt, die Wahl vorzubereiten und bis zur ersten Sitzung des Parlamentes die „Interessen der Nation" gegenüber der Bundesversammlung zu vertreten. Die Wahlen sollten nicht „durch einen Wahlcensus, durch Bevorrechtung einer Religion, durch eine Wahl nach bestimmten Ständen" eingeschränkt sein. Wahlberechtigt und wählbar waren „volljährige selbstständige Staatsangehörige". Ein Abgeordneter vertrat 50 000 Wähler, Staaten mit geringerer Bevölkerungszahl stellten ebenfalls einen Abgeordneten. Der Deutsche Bundestag billigte in zwei Beschlüssen sowohl die Wahl eines gesamtdeutschen Parlaments als auch die Forderungen des Vorparlaments. Obwohl nicht alle Länder den Empfehlungen folgten, waren schließlich durchschnittlich etwa 80 % der volljährigen Männer wahlberechtigt, ein für die Verhältnisse der Zeit sehr hoher Wert. Ausgeschlossen blieben – neben den ohnehin nicht wahlberechtigten Frauen – vor allem die ärmsten Schichten.
Gewählt wurden überwiegend Honoratioren, angesehene Persönlichkeiten der jeweiligen Regionen, die nicht selten bereits in der Zeit des Vormärz politisch aktiv waren. Von den 830 Abgeordneten, die am 18. Mai 1848 zur ersten Sitzung der Nationalversammlung in der Frankfurter Paulskirche zusammentraten, besaß ein großer Teil einen Universitätsabschluss: Richter, Advokaten, Beamte, Lehrer, Schriftsteller, Professoren, Kaufleute, Pfarrer und Ärzte prägten den Ruf der „Paulskirche" als „Gelehrtenparlament". Bauern, Handwerker oder gar Arbeiter blieben in aller Regel ausgeschlossen. Die Aufgabe, die sich den Volksvertretern stellte, war die Schaffung einer neuen Staatsordnung, nachdem die alte scheinbar zusammengebrochen war. Hauptziel war die Verabschiedung einer Verfassung, die einen deutschen Nationalstaat begründen und das Verhältnis von gesetzgebender und ausführender Gewalt regeln sollte. Über diese Fragen kam es zur Bildung von politischen Interessensgruppen, die außerhalb des Parlaments ihre Strategie berieten und sich in der Paulskirche in Fraktionen wiederfanden. Deren politische Ziele wurden schließlich nach der Sitzordnung im Plenum benannt, von den Konservativen auf der rechten Seite, die die bestehende Ordnung und die Souveränität der Bundesstaaten möglichst erhalten wollten, bis hin zur „Linken", den radikalen Demokraten auf der anderen Seite, die auf eine Volksvertretung ohne monarchisches Element setzten.
Die Arbeit der Nationalversammlung verlief in einem machtpolitischen Vakuum. Es gab kein ausführendes Organ, das die Beschlüsse der Abgeordneten umsetzen konnte. Auf Anregung des zum Parlamentspräsidenten gewählten Heinrich von Gagern einigten sie sich auf die Bestellung eines „Reichsverwesers", der die Regierungsgeschäfte gemeinsam mit von ihm ernannten Ministern und Gesandten lenken sollte; die dafür notwendigen Institutionen – Reichsgericht, Reichsheer oder auch die Erhebung von Reichssteuern – mussten jedoch erst noch geschaffen werden. Gewählt wurde Erzherzog Johann von Österreich, dem Sympathien für liberale Ideen nachgesagt wurden, gleichzeitig jedoch auch zugetraut wurde, aufgrund seines Standes auf Augenhöhe mit den deutschen Monarchen zu verhandeln.
Problemlos einigten sich die Delegierten auf einen Grundrechtskatalog, der am 27. Dezember 1848 verabschiedet werden konnte. Umstritten blieb dagegen die Frage nach dem Territorium des neuen Reiches, insbesondere die Einbeziehung Österreichs mit seinen nicht deutschsprachigen Gebietsteilen. Auch über die künftige Souveränität der Mitgliedsstaaten bestand Uneinigkeit. Während die Konservativen einen föderativen Aufbau mit weitgehender Unabhängigkeit der Länder forderten, bestand die „Linke" auf zentralstaatlicher Ausrichtung. Auch über die Ausgestaltung einer Reichsverfassung wurde über Monate kontrovers diskutiert. Als sie am 27. März 1849 endlich verabschiedet wurde, hatten die Gegner der Revolution längst wieder das Heft des Handelns übernommen und brachten Parlament und Revolution endgültig zum Scheitern.

Das Scheitern der gesamtdeutschen Verfassung

Der „Völkerfrühling" des Jahres 1848 in den von der Revolution erfassten europäischen Staaten wurde bereits im Sommer 1848 vom Wiedererstarken der alten monarchischen Kräfte beendet. In Wien kam es zu einem erneuten gewaltsamen Aufstand, als die dort stationierten Truppen auf den ungarischen Kriegsschauplatz beordert werden, um gegen die um Unabhängigkeit ringenden Ungarn zu kämpfen. Nach fünf Tagen wurden die Aufständischen besiegt, unter denen sich auch der Paulskirchenabgeordnete Robert Blum befand. Obwohl die deutsche Nationalversammlung auf die Immunität seines Abgeordneten pochte, wurde Blum am 9. November 1848 standrechtlich erschossen. Die Machtlosigkeit des neuen Parlaments gegenüber den alten Gewalten trat offen zutage. Friedrich Wilhelm IV. löste am 5. Dezember 1848 die preußische Nationalversammlung auf, die zuvor bereits gegen ihren Willen in die Provinz nach Brandenburg verlegt worden war. Kurz darauf erließ der preußische König eine von ihm „oktroyierte“ Verfassung, die sich freilich noch sehr an den Entwürfen für die Nationalversammlung anlehnte und zum Beispiel ein allgemeines und gleiches Männerwahlrecht vorsah. Als schließlich der reaktionäre österreichische Minister Schwarzenberg die Aufnahme Gesamtösterreichs, unter Einschluss seiner nichtdeutschen Staatsgebiete, in ein neues Deutsches Reich verlangte, waren die Hoffnungen auf einen deutschen Nationalstaat begraben.

Dennoch arbeitete das Frankfurter Parlament nach außen unbeeindruckt an der Reichsverfassung, die am 27. März 1849 mit 267 zu 263 Stimmen angenommen wurde. Sie trug den Stempel der bürgerlich-liberalen Mehrheit. Die zentralen Grundrechte wie Freiheit der Person, Meinungs- und Pressefreiheit, Glaubensfreiheit, Freizügigkeit, Freiheit der Lehre, Postgeheimnis oder Unverletzlichkeit der Wohnung wurden reichsweit garantiert. Die Verfassung sah einen Bundesstaat mit einem Zwei-Kammer-System sowie ein allgemeines und gleiches Wahlrecht vor. Die erste Kammer, das Staatenhaus, sollte jeweils zur Hälfte aus Vertretern der Regierung und aus den von den Länderparlamenten ernannten Abgeordneten, insgesamt 192, zusammengesetzt werden. Das Volkshaus, die zweite Kammer, bestand aus den „Abgeordneten des deutschen Volkes“, die jeweils 50 000 Einwohner vertraten. Beide Kammern bildeten den Reichstag, der mindestens einmal jährlich von der Regierung einberufen werden musste. Jedes Reichsgesetz bedurfte der Zustimmung beider Häuser. Das Parlament hatte das Recht zur Gesetzesinitiative. Jedes von der Regierung ausgearbeitete Gesetz musste den Kammern zur Zustimmung vorgelegt werden, das galt auch für die Bewilligung der Steuern und des Budgets. Die vom Staatsoberhaupt, dem Kaiser, allein ernannte Regierung war den Kammern Rechenschaft schuldig. Die Verantwortlichkeit der Minister gegenüber dem Reichstag, vor allem die Möglichkeit ihrer Entlassung wegen Missachtung von Reichstagsbeschlüssen, war jedoch noch nicht abschließend geregelt. Eine solche Regelung, die von einem Ausschuss der Nationalversammlung vorbereitet wurde, hätte den „Übergang zum Parlamentarismus […] unvermeidlich“ [Manfred Botzenhart] gemacht. Trotz der ungünstigen politischen Begleitumstände war es eine für die Verhältnisse der Zeit außerordentlich moderne Verfassung. Als Reichsoberhaupt schließlich war ein „regierender deutscher Fürst“ vorgesehen, der ein Erbkaisertum begründen sollte. Er hatte den Oberbefehl über das Heer und ernannte bzw. entließ die Mitglieder der Regierung.

Ohne Gegenstimme, allerdings mit 248 Enthaltungen der „großdeutschen“, auf die Einbeziehung Österreichs bestehenden Abgeordneten, wählte die Nationalversammlung am 28. März 1849 den preußischen König zum „Kaiser der Deutschen“. Eine Deputation unter Leitung ihres Präsidenten Eduard Simson bot dem preußischen König am 3. April 1849 die Kaiserkrone an. Mit der offiziellen Begründung, er könne einem solchen Angebot nur zustimmen, wenn die deutschen Einzelstaaten jeweils einwilligen würden, vertagte er eine Entscheidung und verurteilte das Parlament damit zur Handlungsunfähigkeit. Gegenüber Vertrauten hatte Friedrich Wilhelm IV. jedoch längst klargestellt, dass eine Annahme der Kaiserkrone nicht infrage komme, da sie den „Ludergeruch der Revolution von 1848“ trage. Wie zuvor bereits Österreich, Bayern, Hannover, Sachsen und Württemberg, lehnte auch Preußen am 28. April 1849 die Annahme der Reichsverfassung endgültig ab, obwohl 28 kleinere Staaten in einer Kollektivnote vom 14. April ihre Zustimmung signalisiert hatten. Gegen den Willen der größeren deutschen Staaten ließ sich die Reichsverfassung jedoch nicht durchsetzen. Die meisten Abgeordneten wurden im Mai aus dem Frankfurter Parlament abberufen. Das noch verbliebene, in Stuttgart tagende Rumpfparlament wurde schließlich am 18. Juni 1849 vom württembergischen Militär aufgelöst. Die Gründung eines parlamentarischen Nationalstaates war gescheitert. Und auch die Revolution ließ sich durch vereinzelte Aufstände in Sachsen, im Rheinland, in der Pfalz und in Baden nicht wiederbeleben. Unter Preußens Führung wurde der letzte Aufstand im badischen Rastatt brutal niedergeschlagen. In Baden und anderen deutschen Staaten wurden Revolutionäre vor Gericht gestellt, zum Teil hingerichtet oder zu hohen Haftstrafen verurteilt. Zahlreiche verfolgte Freiheitskämpfer wanderten aus, in Baden allein sechs Prozent der Bevölkerung. Viele Parlamente wurden aufgelöst, der Versuch einer Reform des Staatswesens von „unten“ war in Deutschland auf Jahrzehnte hinaus gescheitert.

4 König Friedrich Wilhelm IV. legt am 6. Februar 1850 den Eid auf die revidierte preußische Verfassung ab. Sie behielt bis 1918 ihre Gültigkeit und legte u.a. die Einführung des Dreiklassenwahlrechts fest. Holzstich nach einer Zeichnung von Paul Bürde (1819–1874).

Die Ära der Reaktion

Die nachrevolutionäre Epoche war geprägt vom machtpolitischen Gegensatz zwischen Preußen und Österreich. Der Idee eines deutschen Bundesstaates unter preußischer Führung stellte Österreich die Wiederherstellung des Deutschen Bundes entgegen, dem sich rasch die wichtigsten deutschen Mittelstaaten anschlossen. Ein in Erfurt tagendes „Unionsparlament" diskutierte zwischen dem 20. März und 29. April 1850 über eine Verfassung eines kleindeutschen Staates. Diese lehnte sich zwar an die 1849 verabschiedete Reichsverfassung an, war aber durch die Einführung des königlichen Vetorechtes gegen Parlamentsbeschlüsse sowie Einführung eines Dreiklassenwahlrechts monarchischer und ständischer geprägt. Nach dem Scheitern der Unionspläne berief Österreich am 2. September 1850 die Bundesversammlung in Frankfurt ein: Der Deutsche Bund lebte wieder auf, eine neue Ära der Reaktion begann. Am 23. August 1851 wurden die in der Reichsverfassung vom 28. März 1849 vorgesehenen Grundrechte aufgehoben und damit die revolutionären Kernforderungen endgültig zurückgewiesen. In der Folgezeit konnten die Verfassungen der meisten deutschen Staaten revidiert, jedoch nicht vollständig aufgehoben werden. In vielen Einzelstaaten blieben wesentliche Grundrechte bestehen, politische Fragen wurden weiterhin mit großem öffentlichen Interesse von unterschiedlichen ‚Parteien' verhandelt, auch wenn diese an der Regierung nicht beteiligt waren.

Das Zweikammersystem in Preußen

Im konstitutionellen System des 19. Jahrhunderts bildete das Zweikammermodell den Versuch, aus zwei strukturell unterschiedlich zusammengesetzten Parlamenten („Kammern") ein politisches Gleichgewicht zwischen ständischen und regionalen Interessen herzustellen. Auch die revidierte preußische Verfassung vom 31. Januar 1850 sah – wie schon im deutschen Frühkonstitutionalismus – die Einführung von zwei Kammern vor, deren Zusammensetzung und Befugnisse sich jedoch fundamental vom englischen Vorbild unterschieden. Insbesondere die herausragende Stellung des Königs, der die vollziehende Gewalt repräsentierte, und gleichzeitig ohne Hinzuziehung der Kammern Regierung und Minister ernennen und entlassen konnte, trug alle Züge des vom konservativen Staatsrechtler Friedrich v. Stahl so bezeichneten „monarchischen Prinzips". Stahl zählte im Übrigen zu den wenigen bürgerlichen Mitgliedern des Herrenhauses, der Ersten Kammer, die ansonsten adlig dominiert war und Teil der Legislative war. In Budget- und Steuerfragen stand dem Herrenhaus nur ein Vetorecht zu. Zudem waren entsprechende Vorlagen der Regierung zunächst der Zweiten Kammer zur Debatte und Abstimmung vorzulegen, die jedoch – nach Besitz und Vermögen zusammengesetzt – keine echte Volksvertretung war. Das noch in der oktroyierten preußischen Verfassung vom Dezember 1848 vorgesehene allgemeine und gleiche Wahlrecht war bereits im Mai 1849 durch ein Dreiklassenwahlrecht für die Zweite Kammer, das preußische Abgeordnetenhaus, abgelöst worden, bei dem die Wahlberechtigten „nach Maßgabe der von ihnen zu entrichtenden direkten Staatssteuern in drei Abteilungen" aufgeteilt wurden. Ein exklusiver Kreis von Höchstbesteuerten bildete die erste Klasse, weniger hohe Einkommen zählten zur zweiten Klasse, und die Masse der aufgrund geringen Verdienstes wenig oder gar nicht besteuerten Männer wurden in der dritten Klasse zusammengefasst. Die Wahlen waren öffentlich und indirekt: Jede Klasse stellte jeweils ein Drittel der Wahlmänner, die letztlich die Zusammensetzung des Parlaments bestimmten. Zur ersten Klasse zählten 1850 etwa 5 % der Wahlberechtigten, zur zweiten fast 13 %, aber über 80 % zur dritten Kategorie. Diese Aufteilung führte dazu, dass die Stimmen der vermögenden Schichten um ein Vielfaches mehr zählten als diejenigen der Masse der Wahlberechtigten. Gerade dadurch sollten die traditionellen Machtverhältnisse in Preußen dauerhaft gewahrt bleiben. Dem restaurativen Charakter des Wahlrechts entsprach bis 1858 die Politik der preußischen Regierungen unter der Führung des hochkonservativen Ministerpräsidenten von Manteuffel, der sich nur dem Monarchen, nicht den Parlamenten verpflichtet fühlte. Alle verfassungsrechtlichen Hindernisse brachten die parlamentarische Arbeit vor allem der Liberalen dennoch nicht zum Erliegen. Sie sahen das Abgeordnetenhaus weiter als Machtinstrument, gegen dessen Willen keine preußische Regierung ihre politischen Vorstellungen problemlos durchsetzen konnte. Über die unterschiedlichen Auffassungen der Rolle der Zweiten Kammer kam es zu Beginn der 1860er Jahre zu einem Konflikt, der die Grundfesten der konstitutionellen Monarchie erschütterte.

Krone gegen Parlament: Der preußische Verfassungskonflikt

Nachdem Prinz Wilhelm von Preußen am 23. Oktober 1858 die Amtsgeschäfte seines kranken Bruders Friedrich Wilhelm IV. übernommen hatte, läutete er die sogenannte „Neue Ära" ein. Durch „moralische Eroberungen", das hieß vor allem durch eine fortschrittliche Innenpolitik, sollte Preußen die Vorreiterrolle für einen

5 **„Zeit-Glosse: Das Unzulängliche, Hier wird's Ereignis"**, Karikatur auf die Haltung des preußischen Ministerpräsidenten Otto von Bismarck im Verfassungskonflikt. Kladderadatsch, 14. Dezember 1862.

neuen Anlauf zur Verwirklichung eines einheitlichen deutschen Staates einnehmen und damit den reaktionären Kurs der vergangenen Jahre beenden. Die Regierung Manteuffel wurde Ende 1858 durch das konservativ-liberale Ministerium Karl Antons von Hohenzollern abgelöst. Folge dieses politischen Kurswechsels waren erdrutschartige Gewinne der Liberalen bei den Wahlen zum preußischen Abgeordnetenhaus im November 1858; sie stellten nun die absolute Mehrheit in der Zweiten Kammer und drängten auf zügige Reformen, die jedoch am Widerstand der überwiegend konservativ gesinnten Staatsbürokratie scheiterten. Die Unzufriedenheit der liberalen Parlamentarier wuchs; spätestens seit 1860 standen sich Krone und Parlament in Preußen unversöhnlich gegenüber. Ursache der Auseinandersetzungen, die sich zu einer schweren Krise der 1849 eingeführten Verfassung entwickelten, war der Streit über die Reform des preußischen Heeres. Die Forderung des Abgeordnetenhauses nach Beibehaltung der zweijährigen Dienstzeit und Fortbestehen der Landwehr lehnte König Wilhelm I. 1861 ab. Die Parlamentarier hingegen waren nicht bereit, die Einschränkung eines ihrer wesentlichen Rechte – des Budgetrechts – hinzunehmen und die Kontrolle der Armee allein dem König zu überlassen. Sie verweigerten daher die Zustimmung zu dem von der Regierung vorgelegten Haushalt. Da Auflösungen des Abgeordnetenhauses und Neuwahlen die Liberalen eher stärkten als schwächten, spitzte sich die innere Krise 1862 zu: Ein Teil der Militärs spielte mit dem Gedanken an einen Staatsstreich. Wilhelm I. selbst war eher bereit abzudanken, als eine Einschränkung seiner Kommandogewalt hinzunehmen. In dieser Situation erwies sich der im diplomatischen Dienst Preußens tätige, hochkonservative Otto von Bismarck als Retter der Krone. Er erklärte sich bereit, auch gegen das Abgeordnetenhaus zu regieren und wurde von Wilhelm I. zum preußischen Ministerpräsidenten ernannt. Für Bismarck hieß die Alternative nicht „konservativ oder liberal", sondern vielmehr „Königliches Regiment oder Parlamentsherrschaft". Er stützte sich bei seinem Vorgehen gegen die parlamentarische Regierungsaufsicht auf eine verfassungsrechtlich bedenkliche „Lückentheorie": Die Verfassung sehe nicht vor, was im Fall der Nichteinigung zwischen Regierung und Parlament über das Haushaltsgesetz geschehen solle. Ansprüche des Abgeordnetenhauses auf mehr Einfluss in der Politik wies er energisch zurück. Das Parlament wiederum lehnte Bismarcks Angebot ab, bei der Verwirklichung der nationalen Frage mit ihm zusammenzuarbeiten: Die große Mehrheit der Liberalen befürchtete, dass eine Einigung Deutschlands mit Bismarcks Hilfe durch „Eisen und Blut" zu Lasten einer freiheitlichen Entwicklung gehen würde. Zwischen 1862 und 1865 regierte der preußische Ministerpräsident ohne einen vom Abgeordnetenhaus abgesegneten Etat und damit faktisch unter Bruch der Verfassung gegen das Parlament. Erst die außenpolitischen Erfolge, insbesondere der militärische Erfolg über Österreich und dessen Verbündete 1866, ebnete den Weg für eine Lösung des innerpreußischen Konflikts. Am 3. September 1866 billigte die Zweite Kammer, auch dank der erheblichen Stimmengewinne der Konservativen bei der vorausgegangenen Wahl im Juli des gleichen Jahres, das von Bismarck eingebrachte „Indemnitätsgesetz", mit dem die Rechtmäßigkeit der Haushalte der vergangenen vier Jahre nachträglich gebilligt, gleichzeitig jedoch auch die grundsätzliche Budgethoheit des Parlaments von der Regierung anerkannt wurde.

Hort des Liberalismus? Die süddeutsche Reaktion
Auch in den süddeutschen Verfassungsstaaten versuchten reaktionäre Kräfte die Ergebnisse der Märzrevolution rückgängig zu machen. Vor allem in Baden erwiesen sich die mittlerweile ausgebildeten liberalen Traditionen jedoch als stabil genug, um den neoabsolutistischen Kräften Widerstand entgegenzubringen.
Nach der Niederschlagung der letzten revolutionären Aufstände im Mai 1849 kehrte der badische Großherzog Leopold aus seinem Exil in Mainz nach Karlsruhe zurück und suchte in der Folgezeit die Lage insbesondere durch enge Anlehnung an Preußen zu stabilisieren.
Nach der Auflösung des letzten Landtages, der bereits am 14. Mai 1849 seine Arbeit unter dem Eindruck der Revolution eingestellt hatte, trat am 6. März 1850 ein neugewähltes Parlament zusammen, das von gemäßigten Konservativen und Liberalen dominiert wurde. Die ebenfalls maßvollen Regierungen verzichteten auf restaurative Eingriffe in die Verfassung und konzentrierten ihre Arbeit vielmehr auf die Neuorganisation der Verwaltung des Landes. Mit Großherzog Friedrich, der 1852 für seinen kranken Bruder die Regentschaft übernommen hatte, stand seit 1856 ein Monarch an der Spitze des Staates, der von liberalen und nationalen Ideen geprägt war. Gemeinsam mit dem Landtag konnten wichtige Gesetze, zum Beispiel ein neues Strafgesetzbuch und ein Vereins- und Versammlungsgesetz, verabschiedet werden, die Baden in der Folgezeit den Ruf eines liberalen „Musterländle" eintrugen.
In Bayern waren die Auseinandersetzungen zwischen reaktionären und liberalen Kräften weitaus schärfer als in Baden. König Maximilian II. versuchte die Reformen der Revolution zu beseitigen und konnte sich dabei auf die Unterstützung der einflussreichen konservativ-katholischen Fraktion im Landtag verlassen. Die gemäßigt-konservative Regierung unter dem Ministerpräsidenten v. d. Pfordten verhinderte zumindest die Oktroyierung einer Verfassung und 1854 schließlich auch die Einführung eines reaktionären Wahlgesetzes nach preußischem Vorbild. Doch mit der 1852 erzwungenen Ernennung des hochkonservativen Innenministers Reigersberg wandelte sich Bayern zu einem Polizeistaat, der durch Einschränkungen liberaler Grundrechte gegen das Parlament regiert wurde. Um den zunehmenden Widerstand der Opposition im Landtag zu brechen, schienen dem Ministerium v. d. Pfordten nur noch die Auflösung des Landtages und Erlass eines neuen Wahlgesetzes offen zu stehen. Doch der Beginn der „Neuen Ära" in Preußen, die in ganz Deutschland zu einem Erstarken liberaler Kräfte führte, beendete derartige Spekulationen. Mit den Worten „Ich will Frieden haben mit meinem Volke", berief Maximilian II. im Januar 1859 ein liberales Ministerium, das in der Folge vom restaurativen auf einen reformerischen innenpolitischen Kurs einschwenkte.

Der Norddeutsche Reichstag 1867–1870
Nach dem Sieg über Österreich einigte Preußen die Gebiete nördlich des Mains unter seiner Führung im 1867 gegründeten Norddeutschen Bund. An der Verfassung des Norddeutschen Bundes arbeitete der preußische Ministerpräsident Otto von Bismarck maßgeblich mit. Dieser sicherte zwar die Vorherrschaft der alten Gewalten, kam der bürgerlichen Nationalbewegung aber gleichzeitig in vielen Bereichen entgegen, obwohl die Kernforderung der Liberalen nach Verankerung der Grundrechte nicht erfüllt wurde.

Der von Preußen dominierte Bund bildete eine Übergangslösung auf dem Weg zu einer späteren kleindeutschen Staatsgründung. Die Bundesverfassung war von Bismarck so angelegt, dass ein endgültiger Beitritt der süddeutschen Staaten, die mit dem Bund bereits militärische Schutz- und Trutzbündnisse unterhielten, ohne wesentliche Änderungen vollzogen werden konnte. Den Kern der am 16. April 1867 vom Reichstag verabschiedeten Verfassung bildete die Einrichtung eines Bundesrates, aus Vertretern der Mitgliedsstaaten gebildet, sowie des Reichstages, eines auf der Grundlage des Wahlgesetzes für die deutsche Nationalversammlung vom April 1849 durch geheime, allgemeine und gleiche Wahlen hervorgegangenen Parlaments.

An die Spitze des Bundesrates wurde das Bundespräsidium gestellt, das dem preußischen König zustand. Ihm zugeordnet war das neu geschaffene Amt des „Bundeskanzlers", der die Regierungsgeschäfte führte und nur dem Monarchen verantwortlich war. Dem Reichstag musste der Kanzler lediglich bei Anfragen zur Verfügung stehen.

Die starke Rolle einer nur der Krone Rechenschaft schuldigen Regierung war ein Symbol für die „Revolution von oben". Der preußische König besaß die Verfügungsgewalt in außenpolitischen und militärischen Fragen. Er allein entschied über Krieg und Frieden. Die Mitgliedsstaaten blieben souverän, sollten jedoch in der Einrichtung des Bundesrates „den Vereinigungspunkt ihres politischen Interesses finden", der dadurch „zur Exekutive des Bundes geadelt" wurde. [Hartwig Brandt]

Der Reichstag verfügte dennoch über wichtige Rechte bei der Gesetzgebung, so etwa in Bezug auf die ordnungspolitische Gestaltung der neuen Industriegesellschaft. In rascher Folge wurden mehr als achtzig wichtige Gesetze verabschiedet, die vor allem die Normierung und Vereinheitlichung von Post, Handel, Gewerbe und Verkehr betrafen und maßgeblich für den wirtschaftlichen Aufschwung der Folgezeit verantwortlich waren. Die Zusammenarbeit von Regierung und Reichstag war überwiegend erfolgreich und schuf die Grundlagen für den Aufbau eines modernen Verwaltungs-, Rechts- und trotz mancher Einschränkungen - auch Verfassungsstaats.

6 Eingangsfront des provisorischen Reichstagsgebäudes in Berlin. Der erste Plenarsaal des Reichstages befand sich in den Räumen der ehemaligen Königlichen Porzellanmanufaktur an der Leipziger Straße Nr. 4. Dort tagte der Reichstag, bis 1894 das neu errichtete Reichstagsgebäude bezogen werden konnte. Fotografie 1871.

Im Vorhof der Macht? Der Reichstag im Deutschen Kaiserreich seit 1871

Mit der Kaiserproklamation vom 18. Januar 1871 ging der Traum der Nationalbewegung vom einheitlichen deutschen Nationalstaat in Erfüllung. Obwohl die Einigung im Wesentlichen das Ergebnis der Machtpolitik Bismarcks war, stieß diese Lösung der deutschen Frage auf breite Zustimmung in der Bevölkerung. Für die Zukunft erhofften sich viele Bürger eine freiheitliche Ordnung im Innern.

Die Verfassung des Deutschen Reiches, die weitgehend auf derjenigen des Norddeutschen Bundes basierte, spiegelte die „Einigung von oben" wider. Die Fürsten, nicht das Volk, übten die oberste Staatsgewalt aus. Die Rechte des Reichstags waren daher eingeschränkt. Auf Regierung, Diplomatie und Verwaltung hatte er wenig Einfluss. Auch das Militär konnte seine Sonderstellung vorläufig wahren. Die Grundlagen der überlieferten politischen und gesellschaftlichen Ordnung blieben daher zumindest vorerst unangetastet. Dennoch war das Kaiserreich kein reiner Obrigkeitsstaat. In vielen Bereichen stellte die Verfassung einen Kompromiss zwischen den wichtigsten Tendenzen der Zeit dar: Trotz der starken Stellung Preußens ließ die föderative Ordnung den Bundesstaaten viel Spielraum bei der Entwicklung im Innern. Die Abhängigkeit der Regierung von der Zustimmung des Reichstags enthielt Möglichkeiten einer freiheitlichen Weiterentwicklung der bestehenden Verfassungsordnung.

An der Spitze des Reiches stand der deutsche Kaiser. Er repräsentierte das Deutsche Reich nach außen. Zugleich war er Oberbefehlshaber der Armee und der Marine im Fall eines Kriegs. Der Reichskanzler war nur ihm verantwortlich und bedurfte nicht des Vertrauens des Reichstags. Der Bundesrat war die Vertretung der 22 Fürsten und 3 Freien Städte. Diese wirkten durch ihre Bevollmächtigten auch an der Gesetzgebung mit. Zusammen mit dem Kaiser konnte der Bundesrat den Reichstag auflösen.

Der durch die Institution Bundesrat gesicherte herausragende Einfluss der Bundesstaaten auf die Reichspolitik hatte darüber hinaus eine antiparlamentarische Wirkung.

Die 397 Abgeordneten des Reichstags wurden in allgemeiner, freier, geheimer und direkter Wahl von allen Männern über 25 Jahre gewählt. Dabei galten die Bestimmungen des Wahlgesetzes vom 31. Mai 1869, das für den Reichstag des Norddeutschen Bundes galt und 1871 als Reichsgesetz übernommen wurde. Für die gewählten Abgeordneten galt das Prinzip auftragsfreier Repräsentation, d. h., sie übten ihre Tätigkeit als Mitglied des Reichstages ohne Abhängigkeit von Dritten aus. Darüber hinaus genossen sie Immunität.

Die Wahlrechtsordnung des Deutschen Reiches zählte zu den fortschrittlichsten in Europa und entsprach in diesem Punkt den Maximalforderungen vieler Liberaler. Frauen hatten nach wie vor kein Stimmrecht, was jedoch zunächst fast ausschließlich von den Sozialdemokraten kritisiert wurde.

Das allgemeine Wahlrecht förderte die Entwicklung des Parteiwesens nach 1871. Aus zunächst losen Vereinigungen wurden fest gefügte Organisationen. Mit Programmen warben sie um die wahlberechtigte Bevölkerung, deren Interessen sie im Reichstag vertraten. Sie bedienten sich dabei zunehmend der wachsenden Möglichkeiten der Massenkommunikation, etwa in Form von

Zeitungs- oder Plakatwerbung. Was sich bereits in den Wahlen der Revolutionszeit 1848/49 angedeutet hatte, der Wahl-„Kampf" um jede Stimme, wurde gegen Ende des 19. Jahrhunderts zum Spektakel. Die umworbenen Wähler beteiligten sich von Wahl zu Wahl stärker am politischen Geschehen.
Die Wahlkreiseinteilung in Verbindung mit dem Mehrheitswahlrecht führte zu teilweise erheblichen Abweichungen der Zusammensetzung des Reichstags gegenüber dem Wählerwillen. Auf je etwa 100 000 Einwohner war ein Abgeordneter zu wählen, der mit absoluter Mehrheit der im Wahlkreis angegebenen Stimmen das Mandat erhielt. Vor allem für die konservativen Parteien und das katholische Zentrum waren diese Regelungen von Vorteil, da die Einteilung der Wahlkreise trotz demografischer Veränderungen unverändert blieb. Trotz geringerer Stimmenzahl verfügten sie oft über mehr Mandate als die Sozialdemokratie oder die liberalen Parteien.
Ungeachtet des modernen Wahlrechts mussten weder Kaiser noch Reichskanzler die Ergebnisse fürchten, solange im mit Abstand einflussreichsten Bundesstaat Preußen das Dreiklassenwahlrecht galt. Immerhin war das Parlament des Reiches spürbar an der Gesetzgebung beteiligt. Gesetze mussten ihm nicht nur zur Prüfung vorgelegt werden, er besaß sogar das Recht der Gesetzesinitiative. Auch der Reichsetat musste ihm jährlich vorgelegt und von ihm verabschiedet werden. Zudem besaß das Parlament das Interpellationsrecht und übte durch Anfragen und Eingaben auch eine gewisse Kontrolle der Regierung aus.
Obwohl rechtlich dem Reichstag nicht verantwortlich, waren die Reichskanzler doch auf eine Zusammenarbeit mit diesem angewiesen. In den 1870er Jahren verwirklichten Bismarck und die Liberalen gemeinsam große Reformvorhaben, bis diese Zusammenarbeit an der innenpolitischen Wende der Jahre 1878/79 im Zusammenhang mit der neuen Schutzzollgesetzgebung zerbrach. Bis dahin hatten jedoch neue Gesetze Recht, Währung und Wirtschaft vereinheitlicht und die Grundlagen für den Aufbau eines modernen Staatswesens geschaffen. Die Kompetenzen, die ihm zustanden, nahm der Reichstag von Beginn an entschieden wahr.
Gleichzeitig nahm die Anteilnahme der Bevölkerung am politischen Leben nach 1871 stetig zu. Die Pressefreiheit ermöglichte den Austausch unterschiedlicher Meinungen. In Vereinen und auf Versammlungen wurde über Politik diskutiert. Parteien warben in Reden, Wahlkampfbroschüren und mit Plakaten öffentlich um Wähler. Bereits in den 1870er Jahren entstanden Verbände, die gezielt die politischen und materiellen Interessen ihrer Mitglieder in der Öffentlichkeit und gegenüber der Regierung zum Ausdruck brachten, so der bereits 1876 gegründete „Centralverband Deutscher Industrieller".
Trotz ihrer starken Stellung musste die Regierung die öffentliche Meinung bei ihrer Politik zunehmend berücksichtigen. Versuche, diese Entwicklung einzudämmen, blieben ohne Erfolg. Der Einfluss des Parlaments auf die Politik wuchs im Lauf der Zeit. An der Regierungsbildung wurde der Reichstag dennoch nicht beteiligt. Aus Sorge vor einer Gefährdung der politischen und gesellschaftlichen Ordnung verhinderten Bismarck und seine Nachfolger alle Versuche einer Parlamentarisierung. Mehrfach machten sie von dem Recht Gebrauch, mit der Auflösung des Reichstages zu drohen bzw. diesen tatsächlich aufzulösen und Neuwahlen anzusetzen, um dann durch direkte oder indirekte Unterstützung regierungstreuer Parteien das Wahlergebnis in ihrem Sinne zu beeinflussen.
Die zunehmende Politisierung breiter Bevölkerungsschichten um die Jahrhundertwende, die ihre Unzufriedenheit durch die Stimmabgabe bei den Wahlen und in Demonstrationen deutlich werden ließ, und immer lauter werdende Forderungen nach Reformen vor 1914 verstärkten zwar den Druck auf die Regierung, reformorientierte Kräfte und Reformgegner blockierten sich aber gegenseitig. Sowohl im Hinblick auf eine Parlamentarisierung der Verfassung als auch eine Demokratisierung von Staat und Gesellschaft waren die Parteien trotz unübersehbarer Krisenerscheinungen im Innern uneins, das zeigte sich etwa bei der Diskussion um das Stimmrecht für Frauen und in Zusammenhang mit der ‚Daily-Telegraph-Affäre' 1908.

Vom Herd an die Urne? Die Diskussion um das Frauenwahlrecht

Im politischen Raum war die Frau vorläufig vollkommen rechtlos. Sie verfügte weder über das aktive, schon gar nicht über das passive Wahlrecht. Gehör fanden Frauen in der Öffentlichkeit kaum; selbst unter ihresgleichen war die Bereitschaft zur aktiven politischen Arbeit nur schwach ausgeprägt, obwohl seit dem Vormärz eine zaghafte Emanzipationsbewegung heranwuchs. So forderte die Journalistin Louise Otto schon im April 1849: „Wir wollen unsern Teil fordern: das Recht, das Rein-Menschliche in uns in freier Entwicklung aller unserer Kräfte auszubilden, und das Recht der Mündigkeit und Selbstständigkeit im Staat". Während jedoch die „Suffrageten" – britische und amerikanische Frauenrechtlerinnen – bereits Ende des 19. Jahrhunderts durch Demonstrationen und Veröffentlichungen öffentlichkeitswirksam die politische Gleichstellung forderten, sah die bürgerliche Frauenbewegung in Deutschland ihre Aufgabe dagegen vielmehr in der Verbesserung der Bildungschancen und der Perspektiven auf dem Arbeitsmarkt. In konservativen Vereinigungen wie dem bereits 1866 auf Initiative der preußischen Königin Augusta gegründeten „Vaterländischen Frauenverein" wurde gar ausdrücklich auf einen natürlichen Unterschied der Geschlechter verwiesen, der den Frauen ihren Platz am heimischen Herd zuwies und ihnen politische Urteilsfähigkeit weitgehend absprach. Es waren vor allem Vertreterinnen der sozialistischen Frauenbewegung, die in Deutschland für politische Gleichberechtigung eintraten. Die SPD nahm 1891

7 **Blick in den Plenarsaal des neu errichteten Reichstages von Paul Wallot, der 1894 bezogen wurde.** Foto um 1900.

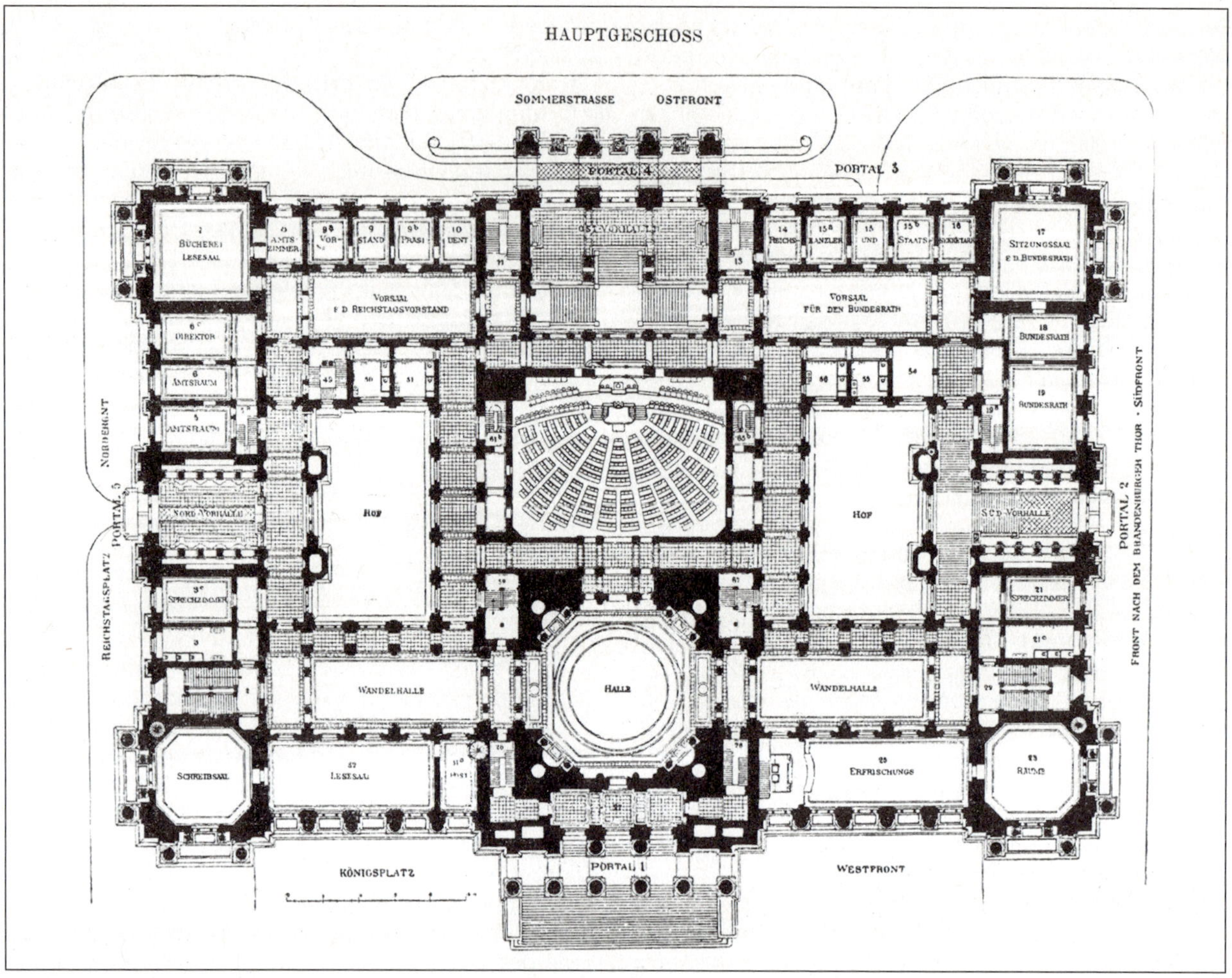

8 **Grundriss des Hauptgeschosses des Reichstages, 1894.**

die Forderung nach dem Stimmrecht für Frauen in ihr politisches Programm auf, ohne dass allerdings Frauen in den kommenden Jahren mehr Einfluss auf die Parteiarbeit eingeräumt wurde. Obwohl sich zu Beginn des 20. Jahrhunderts zunehmend Frauen aus dem bürgerlichen Spektrum wie Lida Gustava Heymann, die 1908 den „Deutschen Verein für Frauenstimmrecht" gründete, der Forderung nach Aufhebung des geschlechtsspezifischen Wahlrechts anschlossen, blieben die Reihen der vor allem männlichen Gegner geschlossen. Ein Reichstagsabgeordneter der völkisch-nationalen Deutschen Reformpartei erklärte im Dezember 1907, dass die „Frauen [...] ins Haus [gehören], und wir wollen nicht, dass die Frau von ihrer idealen Stellung, die sie als Mutter und Erzieherin der kommenden Generation einnimmt, herabsteigt in das Getriebe des politischen Lebens."

Mit der Novelle des Reichsvereinsgesetzes 1908 machten in den folgenden Jahren mehr und mehr Frauen in unterschiedlichen Parteien öffentlich auf die Frage der politischen Gleichstellung aufmerksam, so Clara Zetkin, Rosa Luxemburg oder Lily Braun bei der SPD und Helene Lange in der Deutschen Fortschrittspartei. Doch noch 1917 lehnten außer der SPD und ihrer linken Abspaltung, der USPD, alle Fraktionen des Reichstages einen Antrag des Sozialdemokraten Eduard Bernstein zur Einführung des Frauenwahlrechts ab: „Die Frau [gehöre] nicht in die Öffentlichkeit" und überdies sei zu befürchten, dass auch „in der Ehe politisch gekämpft" werde.

Erst der Sturz der Monarchie machte den Weg frei für die längst fällige, allerdings auch in den meisten anderen europäischen Staaten noch immer nicht eingeführte Beteiligung der Frauen an den Wahlen. Mit der „Verordnung über die Wahlen zur Verfassungsgebenden deutschen Nationalversammlung" vom 30. November 1918 erhielten deutsche Frauen das aktive und passive Wahlrecht und waren nunmehr, wie die sozialdemokratische Zeitschrift „Die Gleichheit" titelte, die „freiesten der Welt".

Die „Daily-Telegraph"-Affäre: Eine verpasste Chance zur Parlamentarisierung?

Auch wenn die konkreten Entscheidungsbefugnisse eingeschränkt waren, war der Reichstag doch vor allem unter den Nachfolgern Bismarcks in den Augen der Öffentlichkeit zu einem einflussreichen Instrument zur Durchsetzung politischer Interessen geworden. Die in den Zeitungen ausführlich wiedergegebenen Debatten erreichten ein breites Publikum; gegen den erklärten Willen des Parlamentes konnte kaum regiert werden. Diesen Einflüssen suchte Kaiser Wilhelm II. sein „persönliches Regiment" entgegenzusetzen. Immer wieder versuchte sich der Monarch durch martialische Reden in die Tagespolitik einzumischen, zum zunehmenden Unwillen einer breiten Öffentlichkeit. Kritische Journalisten sorgten mit harter Kritik an diesen Eingriffen des Kaisers und an dessen „Kamarilla", dem Kreis seiner Berater, für weiteren Zündstoff. In diese angespannte Situation hinein verbreitete sich am 28. Oktober 1908 die Nachricht

9 Diskussion über die auf Extrablättern bekannt gegebenen ersten Wahlergebnisse der Reichstagswahlen vom 27. Oktober 1881. Das öffentliche Interesse an politischen Ereignissen wurde, insbesondere in der Reichshauptstadt Berlin, gegen Ende des 19. Jahrhunderts durch eine immer größere Zahl von Zeitungen und Illustrierten gesteigert. Holzstich nach einer Zeichnung von Carl Koch.

von der Veröffentlichung eines Interviews des Kaisers mit dem britischen ‚Daily Telegraph'. In diplomatisch ungeschickter, teils überheblicher Form, äußerte sich Wilhelm II. zu den deutsch-britischen Beziehungen und sah sich nun einem bislang beispiellosen Proteststurm der deutschen Öffentlichkeit gegenüber. Dies galt auch für Reichskanzler Bernhard v. Bülow, der das Interview zur Veröffentlichung freigegeben hatte und damit direkt verantwortlich war. Die Debatte in der Presse mündete schließlich in einer harten Aussprache im Reichstag am 10. und 11. November 1908. Alle großen Fraktionen, unter Einschluss der Konservativen, verurteilten das Verhalten des Kaisers, verlangten jedoch unterschiedliche Konsequenzen. Die Nationalliberalen äußerten zwar Zweifel an der politischen Handlungsfähigkeit des Kaisers, sahen dies jedoch nicht als grundsätzliche Kritik am Konstitutionalismus, sondern lediglich am „persönlichen Regiment" an. Die Konservativen mahnten lediglich mehr Zurückhaltung des Kaisers an, während einzig die Sozialdemokraten den sofortigen Rücktritt des Kanzlers und die Beschneidung monarchischer Rechte in der Reichsverfassung forderten. Der Reichstag konnte sich letztlich nicht auf eine gemeinsame Resolution einigen; die Einführung eines parlamentarischen Systems verlangte, trotz der gegebenen Schwäche der Staatsführung, ausdrücklich keine Fraktion. Die parlamentarische Gunst der Stunde wurde nicht genutzt, obwohl Wilhelm II. auf dem Höhepunkt der Affäre kurzzeitig sogar mit dem Gedanken an Abdankung gespielt hatte. Zu unterschiedlich waren die Auffassungen der politischen Parteien über notwendige Reformen der Reichsverfassung. Erst am Ende des verlorenen Ersten Weltkrieges wurde das Kaiserreich eine parlamentarische Monarchie. Die Revolution konnte dadurch aber nicht verhindert werden.

Reform statt Revolution: Die Oktoberreformen von 1918
Noch bis in die Spätsommer des Jahres 1918 glaubten viele Deutsche zumindest an einen Verständigungsfrieden, wenn nicht gar die Möglichkeit eines siegreichen Endes des Ersten Weltkrieges. Trotz der zu dieser Zeit bereits hoffnungslosen Lage der deutschen Armee, hatte die deutsche Kriegspropaganda den wahren Stand der Dinge verschleiert. Als die Oberste Heeresleitung (OHL), während des Krieges zur eigentlichen entscheidenden politischen Instanz des Reiches gewachsen, am 21. August 1918 die führenden Vertreter der im Reichstag vertretenen Parteien über die in Wahrheit äußerst kritische Kriegslage und die Notwendigkeit eines raschen Friedensschlusses informierte, reagierten die Politiker geschockt. Umso dringender schien nunmehr die Parlamentarisierung, zumal der amerikanische Präsident Wilson die Reform der Verfassung zur Voraussetzung für den Eintritt in Friedensverhandlungen machte. Der amtierende Reichskanzler Hertling lehnte die Abschaffung des monarchischen Systems jedoch ab; an seine Stelle trat am 3. Oktober 1918 Max von Baden, der am gleichen Tag die erste Regierung in Deutschland ernannte, zu der neben Vertretern des Zentrums und der liberalen Fortschrittspartei auch zwei Sozialdemokraten gehörten. Deren Vertreter, Philipp Scheidemann, hatte noch kurz zuvor eindringlich davor gewarnt „in ein bankrottes Unternehmen" einzutreten, gehörte nun jedoch ebenfalls dem neuen Kabinett an. Unterstützt von den Mehrheitsparteien im Reichstag beschloss das Kabinett den umfassenden Umbau des politischen Systems, der am 28. Oktober in den Gesetzen „zur Abänderung der Reichsverfassung" mündete. Sie sahen unter anderem die politische Verantwortlichkeit des Reichskanzlers gegenüber dem Reichstag und dem Bundesrat sowie das Zustimmungsrecht des Parlaments in Fragen von Krieg und Frieden und die Abschaffung alter Vorrechte des Monarchen in Verwaltung und Militär. Gegen die Oktoberreformen votierten lediglich die radikalen Flügel des Reichstages. Auf der äußersten Rechten plädierten Deutsch-Konservative und Reichspartei für den Fortbestand der monarchischen Herrschaft. Von links sah die USPD in einem Rätesystem nach dem Vorbild der russischen Oktoberrevolution den richtigen Weg. Alle anderen Fraktionen wünschten kein Ende der Monarchie, sondern vielmehr die Degradierung des Monarchen auf überwiegend repräsentative Pflichten. Da Wilhelm II. sich jedoch weigerte, freiwillig abzudanken, verkündete der Reichskanzler am 9. November 1918 ohne Einwilligung des Kaisers dessen Abdankung, die er aus dem Exil im niederländischen Doorn erst am 28. November offiziell bestätigte. Zu diesem Zeitpunkt war die Oktoberverfassung längst ein wertloses Stück Papier. Auch wenn der am 9. November zum Reichskanzler ernannte Sozialdemokrat Friedrich Ebert die Oktoberreformen als „Geburt der deutschen Demokratie" feierte, waren sie nur ein kurzes, in den Wirren der Novemberrevolution kaum wahrgenommenes Zwischenspiel auf dem Weg in den ersten demokratischen Staat in Deutschland. Mit der 1919 verabschiedeten „Weimarer Verfassung" holte das Deutsche Reich – zumindest vorläufig – den Vorsprung der westlichen Staaten auf dem Weg zur Herausbildung einer modernen demokratischen Ordnung, die Staat und Gesellschaft miteinander verband, auf.

4

10 Denkschrift von Karl Freiherr vom Stein bei seiner Entlassung am 24. November 1808

Heilig war und bleibe uns das Recht und die Gewalt unseres Königs. Aber damit dieses Recht und diese unumschränkte Gewalt das Gute wirken kann, was in ihr liegt, schien es mir notwendig, der höchsten Gewalt ein Mittel zu geben, wodurch sie die Wünsche des Volkes kennenlerne und ihren Bestimmungen Leben geben kann. Wenn dem Volke alle Teilnahme an den Operationen des Staates entzogen wird, wenn man ihm sogar die Verwaltung seiner Kommunalangelegenheiten entzieht, kommt es bald dahin, die Regierung teils gleichgültig, teils in einzelnen Fällen in Opposition mit sich zu betrachten. Daher ist der Widerstreit oder wenigstens der Mangel an gutem Willen bei Aufopferung für die Existenz des Staates. Wo Repräsentation des Volkes unter uns bisher stattfand, war sie höchst unvollkommen eingerichtet. Mein Plan war daher, jeder aktive Staatsbürger, er besitze 100 Hufen oder eine, er betreibe Landwirtschaft oder Fabrikation oder Handel, er habe ein bürgerliches Gewerbe oder sei durch geistige Bande an den Staat geknüpft, habe ein Recht zur Repräsentation. Mehrere von mir eingereichte Pläne sind von mir vorgelegt. Von der Ausführung eines Planes hängt Wohl und Wehe unseres Staates ab; denn auf diesem Wege allein kann der Nationalgeist positiv erweckt und belebt werden.

Hermann Meyer, Wilhelm Langenbeck, Von der Französischen Revolution bis zur Gegenwart, Frankfurt/M., Berlin, Bonn, München 1973, S. 34ff.

11 Kritik der Deutschen Bundesakte durch den Freiherrn vom Stein in einer Denkschrift für das russische Kabinett vom 24. Juni 1815

Unsere neuen Gesetzgeber haben an die Stelle des alten Deutschen Reiches mit einem Haupte, gesetzgebender Versammlung, Gerichtshöfen, einer innern Einrichtung, die ein Ganzes bildete – einen Deutschen Bund gesetzt, ohne Haupt, ohne Gerichtshöfe, schwach verbunden für die gemeine Verteidigung. Die Rechte der Einzelnen sind durch nichts gesichert als die unbestimmte Erklärung, „dass es Landstände geben solle"; ohne dass etwas über deren Befugnisse festgestellt ist (Art. 13); und durch eine Reihe Grundsätze (Art. 18) über die Rechte jedes Deutschen, worunter man die Habeas corpus, die Abschaffung der Leibeigenschaft ausgelassen hat, und welche durch keine schützende Einrichtung verbürgt werden.

Die Bildung des Bundestages, mag er als Bundesversammlung oder als Plenum handeln, gestattet nur schwer eine für alle verbindliche Handlung, da die Fälle welche Einstimmigkeit erheischen, so zahlreich und so unbestimmt ausgedrückt sind.

Von einer so fehlerhaften Verfassung lässt sich nur ein sehr schwacher Einfluss auf das öffentliche Glück Deutschlands erwarten, und man muss hoffen, dass die despotischen Grundsätze, von denen mehrere Kabinette sich noch nicht losmachen können, nach und nach durch die öffentliche Meinung, die Freiheit der Presse und das Beispiel zerstört werden, welches mehrere Fürsten besonders Preußen, geben zu wollen scheinen, indem sie ihren Untertanen eine weise und wohltätige Verfassung erteilen."

Wolfgang Hardtwig/Helmut Hinze (Hrsg.), Deutsche Geschichte in Quellen und Darstellung, Bd. 7, Vom Deutschen Bund zum Kaiserreich 1815–1871, Stuttgart 1997, S. 55–57.

12 Der Demokrat Philipp Jakob Siebenpfeiffer, Mitorganisator des Hambacher Festes in einer Verteidigungsrede vor dem Schwurgericht in Landau 1833

Was mich betrifft, ich bin Republikaner von ganzer Seele; nicht bloß der Theorie nach, sondern ich halte die Repräsentativ-Republik für die einzige Staatsform, die einem größeren Volk, das seine Würde fühlt, geziemt, für die alleinige, die heute möglich. Sie allein kann freies Denken, freies Handeln geben, somit den Zweck der Völkerbewegung erfüllen. Ein mündiges Volk unter einer Monarchie dünkt mir ein Herkules am Spinnrocken, woran der eigene Wahn es bindet. [...] Die konstitutionelle Monarchie, welche Republik und Fürstlichkeit vereinen soll, ist mir praktisch ein Unding. Nur ein Wille kann Staaten regieren; jene stellt aber einen zweifachen auf: den Willen des Monarchen und den Willen des Volkes. So entsteht ein Doppelprinzip, das sich selbst feindselig bekämpft. Alle Gewalt strebt, wie man weiß, naturgemäß nach ihrer Erhaltung, Befestigung, Erweiterung: ist die Regierung stark, so wird sie absolut, die Mitwirkung des Volkes wird ein Gaukelspiel sein; ist der Volksrat stark, so geht die Monarchie in der Republik unter [...] Ich will, dass die Gesamtheit herrsche, d.h. Geist und Gang der Regierung regle. Wo eine herrschende Klasse, da ist auch eine dienende. Der herrschende Gesamtwillen, der freie Ausdruck aller Volksinteressen – dies ist meine Republik. [...]

Kein Volk wünscht jemals Umsturz, Anarchie. Dass in jedem Volk ein Haufen von Leuten besteht, die sich in solchem Elemente wohl befänden, ist wahr; Mangel an Aufklärung und Überfluss an Elend sind schuld: die Staatsordnung, wogegen solcher Pöbel sich erhebt, hat ihn erzeugt; je zahlreicher und wilder er ist, desto verdammlicher erscheint die Ordnung der Dinge, die ihn erschaffen. Doch hütet euch, das sogenannte niedere Volk zu verdächtigen, ihr, die ihr den Pöbel nicht da sucht, wo er allein zu finden – in eueren Reihen, Pöbel in Glanz und Würden, in Palästen und im Überfluss!

Wolfgang Hardtwig/Helmut Hinze (Hg.), Deutsche Geschichte in Quellen und Darstellung, Bd. 7, Vom Deutschen Bund zum Kaiserreich 1815–1871, Stuttgart 1997, S. 208–211.

13 Georg Büchner Der Hessische Landbote Erste Botschaft [Juli-Fassung]

Darmstadt, im Juli 1834

[...] Denn was sind die Verfassungen in Deutschland? Nichts als leeres Stroh, woraus die Fürsten die Körner für sich herausgeklopft haben. Was sind unsere Landtage? Nichts als langsame Fuhrwerke, die man einmal oder zweimal wohl der Raubgier der Fürsten und ihrer Minister in den Weg schieben, woraus man aber nimmermehr eine feste Burg für die deutsche Freiheit bauen kann. Was sind unsere Wahlgesetze? Nichts als Verletzungen der Bürger- und Menschenrechte der meisten Deutschen. Denkt an das Wahlgesetz im Großherzogtum, wonach keiner gewählt werden kann, der nicht hoch begütert ist, wie rechtschaffen und gutgesinnt er auch sei, wohl aber der Grolmann, der euch um die zwei Millionen bestehlen wollte. Denkt an die Verfassung des Großherzogtums. – Nach den Artikeln derselben ist der Großherzog unverletzlich, heilig und unverantwortlich. Seine Würde ist erblich in seiner Familie, er hat das Recht Krieg zu führen und ausschließliche Verfügung über das Militär. Er beruft die Landstände, vertagt sie oder löst sie auf. Die Stände dürfen keinen Gesetz-Vorschlag machen, sondern sie müssen um das Gesetz bitten, und dem Gutdünken des Fürsten bleibt es

14 „**Der Denkerclub**". Karikatur um 1825, auf die Einschränkungen der Meinungs- und Pressefreiheit in den deutschen Staaten während der Reaktionszeit seit 1819.

unbedingt überlassen, es zu geben oder zu verweigern. Er bleibt im Besitz einer fast unumschränkten Gewalt, nur darf er keine neuen Gesetze machen und keine neuen Steuern ausschreiben ohne Zustimmung der Stände. Aber teils kehrt er sich nicht an diese Zustimmung, teils genügen ihm die alten Gesetze, die das Werk der Fürstengewalt sind, und er bedarf darum keiner neuen Gesetze. Eine solche Verfassung ist ein elend jämmerlich Ding. Was ist von Ständen zu erwarten, die an eine solche Verfassung gebunden sind? Wenn unter den Gewählten auch keine Volksverräter und feige Memmen wären, wenn sie aus lauter entschlossenen Volksfreunden bestünden?! Was ist von Ständen zu erwarten, die kaum die elenden Fetzen einer armseligen Verfassung zu verteidigen vermögen! – Der einzige Widerstand, den sie zu leisten vermochten, war die Verweigerung der zwei Millionen Gulden, die sich der Großherzog von dem überschuldetem Volke wollte schenken lassen zu Bezahlung seiner Schulden. Hätten aber auch die Landstände des Großherzogtums genügende Rechte, und hätte das Großherzogtum, aber nur das Großherzogtum allein, eine wehrhafte Verfassung, so würde die Herrlichkeit doch bald zu Ende sein. Die Raubgeier in Wien und Berlin würden ihre Henkerskrallen ausstrecken und die kleine Freiheit mit Rumpf und Stumpf ausrotten. Das ganze deutsche Volk muß sich die Freiheit erringen. Und diese Zeit, geliebte Mitbürger, ist nicht ferne. – Der Herr hat das schöne deutsche Land, das viele Jahrhunderte das herrlichste Reich der Erde war, in die Hände der fremden und einheimischen Schinder gegeben, weil das Herz des deutschen Volkes von der Freiheit und Gleichheit seiner Voreltern und von der Furcht des Herrn abgefallen war, weil ihr dem Götzendienste der vielen Herrlein, Kleinherzoge und Däumlings-Könige euch ergeben hattet.

Fritz Bergemann (Hrsg.), Georg Büchner. Werke und Briefe, Bd. 1, Frankfurt/M. 1979, S. 333 f.

15 Thronrede Friedrich Wilhelms IV. von Preußen am 11. April 1847

[...] Der edle Bau ständischer Freiheiten, dessen acht mächtige Pfeiler der hochselige König tief und unerschütterlich in die Eigentümlichkeiten seiner Länder gegründet hat, ist heute durch Ihre Vereinigung vollendet. Er hat sein schützendes Dach erhalten. [...]

Jeder Preuße weiß seit 24 Jahren, dass alle Gesetze, die seine Freiheit und sein Eigentum betreffen, zuvor mit den Ständen beraten werden. Von dieser Zeit an aber weiß jedermann im Lande, dass Ich, mit alleiniger, notwendig gebotener Ausnahme der Kriegesdrangsale, keine Staatsanleihe abschließen, keine Steuer erhöhen, keine neue Steuer erheben werde, ohne die freie Zustimmung aller Stände.

[...] Möchte doch das Beispiel des einen glücklichen Landes, dessen Verfassung die Jahrhunderte und eine Erbweisheit ohnegleichen, aber kein Stück Papier gemacht haben, für uns unverloren sein und die Achtung finden, die es verdient. – Finden andere Länder auf anderem Wege, als jenes Volk und wir, nämlich auf dem Wege ‚gemachter und gegebener' Konstitutionen ihr Glück, so müssen und wollen wir ihr Glück aufrichtig und brüderlich mit ihnen preisen. [...] Preußen aber, Meine Herren, kann diese Zustände nicht ertragen. Fragen Sie Mich: Warum? So antworte Ich: Werfen Sie einen Blick auf die Karte von Europa, auf die Lage unseres Landes, auf unsere Zusammensetzung, folgen Sie den Linien unserer Grenzen, wägen Sie so die Macht unserer Nachbarn, vor allem werfen Sie einen geistigen Blick in unsere Geschichte! Es ist Gottes Wohlgefallen gewesen, Preußen durch das Schwert großzumachen, durch das Schwert des Krieges nach außen, durch das Schwert des Geistes nach innen. Aber wahrlich nicht des verneinenden Geistes der Zeit, sondern des Geistes der Ordnung und der Zucht. Ich sprech' es aus, Meine Herren. Wie im Feldlager ohne die allerdringendste Gefahr und größte Torheit nur Ein Wille gebieten darf, so können dieses Landes Geschicke, soll es nicht augenblicklich von seiner Höhe fallen, nur von einem Willen geleitet

werden, – und beginge der König von Preußen einen Frevel, wenn er von seinen Untertanen die Folgsamkeit des Knechtes forderte, so würde er wahrlich einen noch viel größeren Frevel begehen, wenn er nicht das von ihnen fordern wollte, was die Krone des freien Mannes ist, den Gehorsam um Gottes und des Gewissens willen. [...]
Edle Herren und getreue Stände! Es drängt Mich zu der feierlichen Erklärung: dass es keiner Macht der Erde je gelingen soll, Mich zu bewegen, das natürliche, gerade bei uns durch seine innere Wahrheit so mächtig machende Verhältnis zwischen Fürst und Volk in ein konventionelles, konstitutionelles zu wandeln, und dass Ich es nun und nimmermehr zugeben werde, dass sich zwischen unseren Herr Gott, im Himmel und dieses Land ein beschriebenes Blatt, gleichsam als eine zweite Vorsehung, eindränge, um uns mit seinen Paragraphen zu regieren und durch sie die alte heilige Treue zu ersetzen. Zwischen uns sei Wahrheit. Von einer Schwäche weiß Ich Mich gänzlich frei. Ich strebe nicht nach eitler Volksgunst. [...] Ich strebe allein danach, meine Pflicht nach bestem Wissen und nach meinem Gewissen zu erfüllen und den Dank meines Volkes zu verdienen, sollte er Mir auch nimmer, zuteil werden.
[...] In Meiner Monarchie steht keiner der drei Stände über dem andern oder unter dem andern. Sie stehen alle in gleich wichtigen Rechten und in gleich geltenden Ehren nebeneinander, ein jeder in seinen Schranken, ein jeder in seiner Ordnung. Das ist mögliche und vernünftige Gleichheit, das ist Freiheit!
Edle Herren und getreue Stände!
[...] Durchdringen Sie sich, Ich beschwöre Sie, mit dem Geist dieser uralten Einsetzungen. Sie, Meine Herren, sind deutsche Stände im althergebrachten Wortsinn, d.h. vor allem und wesentlich Vertreter und Wahrer der eigenen Rechte, der Rechte der Stände, deren Vertrauen den bei weitem größten Teil dieser Versammlung entsendet. Nächstdem aber haben Sie die Rechte zu üben, welche Ihnen die Krone zuerkannt hat. Sie haben ferner der Krone den Rat gewissenhaft zu erteilen, den dieselbe von Ihnen fordert. Endlich steht es Ihnen frei, Bitten und Beschwerden, Ihrem Wirkungskreise, Ihrem Gesichtskreise entnommen, aber nach reiflicher Prüfung, an den Thron zu bringen.
Das sind die Rechte, das die Pflichten germanischer Stände, das ihr herrlicher Beruf. Das aber ist Ihr Beruf nicht: „Meinungen zu repräsentieren", Zeit- und Schulmeinungen zur Geltung bringen zu sollen. Das ist vollkommen undeutsch und obenein vollkommen unpraktisch für das Wohl des Ganzen, denn es führt notwendig zu unlösbaren Konflikten mit der Krone, welche nach dem Gesetze Gottes und des Landes und nach eigener freier Bestimmung herrschen soll, aber nicht nach dem Willen von Majoritäten regieren kann und darf, wenn „Preußen" nicht bald ein leerer Klang in Europa werden soll!

Rudolf Haym (Hrsg.), Reden und Redner des ersten Vereinigten Preußischen Landtag, Berlin 1847, S. 456ff.

16 Heinrich Simon, Annehmen oder Ablehnen? Eine Einberufung des „Vereinigten Landtags"

„An die Stelle der verbrieften Rechte sollen treten: Statt jährlich zu versammelnder Reichsstände Vereinigte Provinzialstände, ohne Wahrscheinlichkeit fernerer Zusammenberufung. Statt der Repräsentation der Nation faktisch die Repräsentation einiger wenigen herrlichen und ritterlichen Gutsbesitzer. Die Belastung der Nation mit Schulden, statt den Reichsständen und nur ihnen unbedingt übertragen, durch Ausnahmen, welche die Regel vollständig beseitigen, selbst den Vereinigten Ständen entzogen und in die Hände von fünf Personen gelegt. [...]
Die wenigen übrigbleibenden Rechte durch eine erste isolierte Kammer noch geschwächt. Der Bürger- und Bauernstand den wenigen Standesherren und Rittergutsbesitzern durch deren Stimmenzahl völlig preisgegeben. Jedes Verhältnis zwischen diesen Ständen und dem Volke aufgehoben. [...] Die wesentlichen Rechte der Provinzialstände, durch welche sie die Allgemeinen Stände wenigstens entfernt vertraten, aufgehoben und an deren Stelle faktisch nicht Allgemeine Stände, sondern ein Ausschuss und eine Deputation gesetzt; ein Ausschuss, dessen Rechte, über seine bisherige Stellung hinaus, vergrößert, gegenüber dem Volke; verkleinert gegenüber der Krone; [...].
Und was ist in diesen vier Verordnungen nicht gegeben? Die persönliche Freiheit nach wie vor ohne genügende Garantien gegen polizeiliche Übergriffe; die öffentliche Meinung nach wie vor durch Zensur geknechtet; das Recht des Volkes zu öffentlichen Versammlungen nach wie vor gehemmt; [...] die Gesetze über Personen und Eigentum nach wie vor von der Genehmigung des Volkes unabhängig und die Steuern endlich nach wie vor der Bewilligung des Volkes in den meisten Fällen entzogen.
[...] Man wähle!
Das preußische Volk kann nur auf das Entschiedenste ablehnen. Die Regierung wird eine solche Erklärung zu respektieren wissen, weil es nicht Sache einer ‚legitimen' Regierung sein kann, einen auf gesetzlichem Wege zwischen Krone und Volk gebildeten vertragsmäßigen Rechtszustand zu ändern ohne Zustimmung des anderen Teiles.

Hans Fenske (Hg.), Vormärz und Revolution 1840–1849 (= Quellen zum politischen Denken der Deutschen im 19. und 20. Jahrhundert, Bd. 4), Darmstadt 1976, S. 192ff.

17 Proklamation Sr. Majestät des Königs von Preußen Friedrich Wilhelm IV. „An mein Volk und die deutsche Nation". 21. März 1848.

An mein Volk und die deutsche Nation.
Mit Vertrauen spreche Ich heute, im Augenblicke, wo das Vaterland in höchster Gefahr schwebt, zu der deutschen Nation, unter dessen edelste Stämme Mein Volk sich mit Stolz rechnen darf. Deutschland ist von innerer Gährung ergriffen und kann durch äußere Gefahr von mehr als einer Seite bedroht werden. Rettung aus dieser doppelten dringenden Gefahr kann nur aus der innigsten Vereinigung der deutschen Fürsten und Völker unter einer Leitung hervorgehen.
Ich übernehme heute diese Leitung für die Tage der Gefahr. Mein Volk, das die Gefahr nicht scheut, wird Mich nicht verlassen und Deutschland wird sich Mir mit Vertrauen anschließen. Ich habe heute die alten deutschen Farben angenommen und Mich und Mein Volk unter das ehrwürdige Banner des deutschen Reiches gestellt. Preußen geht fortan in Deutschland auf.

Als Mittel und gesetzliches Organ, um im Vereine mit Meinem Volke zur Rettung und Beruhigung Deutschlands voranzugehen, bietet sich der auf den 2. April [1848] bereits einberufene Landtag dar. Ich beabsichtige in einer unverzüglich näher zu erwägenden Form, den Fürsten und Ständen Deutschlands die Gelegenheit zu eröffnen, mit Organen dieses Landtages zu einer gemeinschaftlichen Versammlung zusammenzutreten.
Die auf diese Weise zeitweilig sich bildende deutsche Stände-Versammlung wird in gemeinsamer, freier Beratung das Erforderliche in der gemeinsamen, inneren und äußeren Gefahr ohne Verzug vorkehren. [...]
Gleichzeitig mit den Maaßregeln zur Abwendung der augenblicklichen Gefahr wird die deutsche Stände-Versammlung über die Wiedergeburt und Gründung eines neuen Deutschlands beraten, eines einigen, nicht einförmigen Deutschlands, einer Einheit in der Verschiedenheit, einer Einheit mit Freiheit.
Allgemeine Einführung wahrer constitutioneller Verfassungen, mit Verantwortlichkeit der Minister in allen Einzelstaaten, öffentliche und mündliche Rechtspflege, in Strafsachen auf Geschworenengerichte gestützt, gleiche politische und bürgerliche Rechte für alle religiösen Glaubensbekenntnisse und eine wahrhaft volksthümliche, freisinnige Verwaltung werden allein solche höhere und innere Einheit zu bewirken und zu befestigen im Stande sein.
Berlin, den 21. März 1848.

Deutsche Geschichte in Quellen und Darstellungen, Bd. 7 hrsg. Wolfang Hardtwig und Helmut Hinze, Stuttgart 2003, S. 266 ff.

19 Wie es zuging, als über einen entsprechenden Antrag abgestimmt wurde, berichtet Jakob Grimm in einem Brief:

Wir haben gestern und heute die frechen und törichten Anträge für Hecker und seine Partei gehabt, lärmende Sitzungen als je, und heute musste endlich die [Zuschauer]Galerie, worauf gewiss 1 500 Menschen standen, geräumt werden. du kannst dir denken, mit welchem widerstreben das geschah, und über eine halbe stunde ging hin eh es bewerkstelligt wurde, alles musste hinaus, auch die Frauen, und die Türen wurden verschlossen, aber draußen auf dem platz blieben die Haufen versammelt und hielten reden, bis endlich Bürgermilitär anrückte und die Kirche ringsum besetzte. Inwendig griff die linke zu ihrem letzten mittel und entfernte sich aus dem Saal, um nicht mitzustimmen; wir andern ließen uns nicht irren, sondern setzten die Sache durch und stimmten sie nieder, was alles durch namentlichen Aufruf geschah und viel zeit kostete. Heute Nacht wird es nicht an Fackelzügen [für die unterliegenden] und an Katzenmusiken fehlen...

Hans Jessen (Hg.), Die deutsche Revolution in Augenzeugenberichten, Düsseldorf 1968, S. 188.

20 Der Abgeordnete Friedrich Bassermann in der Paulskirche 1849 über die Frage des Wahlrechts:

Es war im letzten Jahrzehnt das Bürgertum, der gebildete Teil der Nation, und nicht ihre Arbeiter, welche den Kampf der Freiheit kämpften. [...] Meine Herren, die Weltordnung wird nicht anders, und es wird eben, wenn man nicht das verschweigen will, was ein jeder weiß, doch immer verschiedene Schichten in der menschlichen Gesellschaft geben. [...] Sollen nicht die Gebildeten es sein, die in den künftigen deutschen Parlamenten votieren [abstimmen]? [...] Wenn Sie das Wahlrecht an irgendeinen Besitz, und sei er ein kleiner nur, binden, dann erst werden Sie am besten beruhigend auf die Arbeiterklasse wirken, indem diese dann, wenn sie wirklich einen Wert auf ein politisches Recht legen, durch Fleiß und Tätigkeit einen Besitz zu erlangen suchen werden, der sie zur Ausübung des Stimmrechts befähigt [...].

Geschichte in Quellen, Bd. 4.2.: Das bürgerliche Zeitalter 1815–1914, bearbeitet von G. Schönbrunn, München 1980, S. 207 f.

21 Sitzung der Nationalversammlung in der Frankfurter Paulskirche 1848. Zeitgenössische Lithographie.

22 Die „Hebung" des Mittelstand.
„Warum gilt ein Reicher bei den preußischen Wahlen mehr als hundert Unbemittelte? Aus schwerwiegenden Gründen!" Zeichnung in den „Lustigen Blättern", F. Jüttner, 1893.

23 Der Abgeordnete August E. Pfeiffer in der Paulskirche 1849 über die Frage des Wahlrechts:

„Ich kenne nur eine Selbstständigkeit der Gesinnung. Die ist allerdings ein sehr erwünschtes Erfordernis bei der Ausübung des Wahlrechts. [...] Kein Lebensverhältnis, kein Beruf enthält an sich eine Bürgschaft selbstständiger Gesinnung, am wenigsten oft die der höher Gestellten. [...] Ich war wenige Tage nach jener furchtbaren Katastrophe in Berlin unter den Verwundeten, ich stand unter der langen Reihe der Leichen diesen Opfern der verblendeten Politik. Hierher hatten die privilegierten Stände nur hie und da einen einzelnen Vertreter gesendet, wahrlich nicht die Schlechtesten seines Namens. Die überwiegend große Mehrzahl derer, die ihr Leben, ihr Blut für die Revolution, für die Sache der Freiheit und der Rechte des Volkes eingesetzt hatten – es waren eben Handwerksgehilfen, Fabrikarbeiter, Tagelöhner. (Bravo auf der Linken) Sie werden ihnen das Recht, das sie für sich und ihren Stand auf den Barrikaden erkämpft haben, nicht durch die Annahme eines Paragraphen wieder nehmen, und wenn Sie es tun, dann werfen Sie die Saat aus zu einer neuen Revolution."

Geschichte in Quellen, Bd. 4.2.: Das bürgerliche Zeitalter 1815–1914, bearbeitet von G. Schönbrunn, München 1980, S. 208

24 Der Sozialdemokrat Eduard Bernstein über das Dreiklassenwahlrecht, 1906

Diesem Wahlsysteme liegt [...] überhaupt kein Prinzip, nicht ein einziger, rationeller Gedanke zu Grunde; was ihm an Gedanken zu Grunde lag, ist durch die Geschichte verfallen. Es liegt ihm nur, wenn ich so sagen darf, das Interesse der Plutokratie des Geldsacks, und weiter nichts zu Grunde. Schon im Jahre 1849 hieß es im Volke das „Groschenwahlrecht" und das auf Grund dieses Wahlrechts gewählte Parlament das „Groschenparlament", weil der Groschen und nicht die Intelligenz entscheidend war, nicht der Wille der Wähler, sondern der nackte, pure Besitz ...; um dieses Verhältnis vor Augen zu führen, erzählte das Volk das Beispiel von einem Bauern, der ein paar Ochsen besaß und deshalb in der zweiten Klasse wählen konnte und, als ihm durch einen Unglücksfall die Ochsen abhanden kamen, in der dritten Klasse wählen musste, so dass er sagte: Wer hat das Wahlrecht gehabt, ich oder meine Ochsen?

Gerhard A. Ritter (Hrsg.), Historisches Lesebuch, Bd. 2, Frankfurt/M. 1967, S. 121.

25 Das Gründungsprogramm der Nationalliberalen Partei vom 12. Juni 1867

Im Parlament erblickten wir die Vereinigung der lebendig wirkenden Kräfte der Nation. Das allgemeine, gleiche, direkte und geheime Wahlrecht ist unter unserer Mitwirkung zur Grundlage des öffentlichen Lebens gemacht. Wir verhehlen uns nicht die Gefahren, welche es mit sich bringt, solange Pressefreiheit, Versammlungs- und Vereinsrecht polizeilich verkümmert sind, die Volksschule unter lähmenden Regulativen steht, die Wahlen bureaukratischen Einwirkungen unterworfen sind, zumal da die Versagung der Diäten die Wählbarkeit beschränkt. Aber da die Garantien nicht zu erreichen waren, habet! die Gefahren uns nicht abgeschreckt. Am Volke liegt es jetzt, für die Reinheit der Wahlen einzutreten; angestrengten Bemühungen wird es gelingen, seine Stimme wahrheitsgetreu zum Ausdruck zu bringen, und dann wird das allgemeine Wahlrecht selbst das festeste Bollwerk der Freiheit sein, wird es die in die neue Zeit hineinragenden Trümmer des ständischen Wesens ,wegräumen und die zugesicherte Gleichheit vor dem Gesetz endlich zur Wahrheit machen.

Wir sind entschlossen, die Bundeskompetenz zu befestigen und über alle gemeinsamen Angelegenheiten auszudehnen. Als Ziel schwebt uns vor, daß die parlamentarischen Funktionen des Staates möglichst vollständig in den Reichstag verlegt werden. Auch der preußische Landtag soll sich nach und nach mit einer Stellung begnügen, welche in keiner Weise geeignet sei, dem Ansehen und der Wirksamkeit des Reichstages Eintrag zu tun. Dieses Ziel wollen wir auf dem verfassungsmäßigen Wege erstreben; bis es in dieser Weise erreicht ist, müssen die beiden parlamentarischen Körperschaften ihre Befugnisse wechselseitig achten und einen friedlichen Wetteifer in der Erfüllung des eigenen Berufes bekunden.

Nach dem Beispiele der preußischen Verfassung haben die entsprechenden Unvollkommenheiten in die Reichsverfassung Eingang gefunden. Auf beiden Gebieten sind nunmehr gleichzeitig und gleichmäßig die wesentlichen Reformen zu erstreben, welche die allein sichere Grundlage des öffentlichen Rechtes gewähren. Namentlich und vor allem ist das Budgetrecht zu vervollständigen, damit der Volksvertretung der volle Einfluß auf die Staatsgeschäfte zufalle. Nicht minder dringend sind Gesetze, welche eine wirksame Verantwortlichkeit für die Minister und alle Beamten herbeiführen, auf der juristischen Grundlage, dass jedermann für seine Handlungen einzustehen habe. Im Bunde ist überdies für eine vollständige Repräsentation der verantwortlichen Träger der Regierungsgewalt zu sorgen und ihr Verhältnis zu den Regierungen der Einzelstaaten zu klären.

Hans Fenske (Hrsg.), Der Weg zur Reichsgründung 1850–1870, Darmstadt 1977, S. 372 ff.

26 Aus dem Wahlprogramm der Freikonservativen Partei, 27. Oktober 1867

Ebenso dem echt konservativen Geist entsprechend, zollen wir unumwundene Anerkennung dem Eintritt dieser Monarchie in die Reihe der konstitutionellen Staaten. Der Absolutismus hat in Preußen seine glanzvolle Vergangenheit. Nirgend in der Welt hat er ein unvergänglicheres Denkmal hinterlassen, als diesen Staat, das Werk königlicher Machtvollkommenheit. Aber die Zeiten des Absolutismus sind vorüber. Heutigen Tages würde er vernichten, was er einst mit schöpferischer Kraft ins Leben gerufen. Nicht allein bedarf unser Volk, wie alle zivilisierten Nationen dieses Zeitalters, zur eigenen Befriedigung einen rechtmäßigen Anteil an der Bestimmung seiner Geschicke; das Königtum selbst erfordert die Mitarbeit des Volkes zur Erfüllung seiner hohen Sendung. Nur die Krone eines freien Landes gebührt unserem Fürsten; sein Thron ruht am sichersten auf dem Willen freier Männer.

Die Staatsverfassung ehren wir als eine Stärkung des Königtums, als eine Entfaltung des Volkstums, als die Gewähr der Freiheit der Kirche, der Parität der Konfessionen, der Loslösung politischer Rechte vom religiösen Bekenntnis. Wir verwerfen den „Scheinkonstitutionalismus" als Herabwürdigung und Entsittlichung des öffentlichen Lebens; ebenso bekämpfen wir die überlebte, doch immer fortwirkende Lehre von der Teilung der Gewalten, der wir den Grundsatz von der Gemeinschaftlichkeit der Ausübung der einheitlichen Staatsgewalt mit Bewusstsein entgegenhalten.

Hans Fenske (Hrsg.), Der Weg zur Reichsgründung 1850–1870, Darmstadt 1977, S. 384 ff.

27 Wilhelm Liebknecht über die politische Stellung der Sozialdemokratie, 1869

Der sogenannte „preußische Verfassungskonflikt" war ein Versuch des Volkes, voran der Bürgerklasse, durch parlamentarische Mittel die Staatsmacht zu erlangen. Das Jahr 1866 hat das parlamentarische Ringen zu einer Spiegelfechterei herabgewürdigt, den wahren Kampfplatz auf ein anderes Gebiet verlegt. Der norddeutsche „Reichstag" hat trotz des allgemeinen Stimmrechts absolut keine Macht, er hat keine beschließende, nur eine beratende Stimme, und kann, weil machtlos, von der Demokratie nicht als Schlachtfeld zur Gewinnung der Macht benutzt werden.

Ebenso wie die französische Demokratie dem Kaiserreich, hat die deutsche Demokratie dem Norddeutschen Bund, mit allem, was drum und dran hängt, negierend, feindlich gegenüberzustehen. Tritt sie aus dieser negierenden Haltung heraus, so gibt sie nicht bloß ihr Prinzip und damit sich selbst auf, sondern verstößt auch gegen die einfachsten Regeln der Praxis.

Hans Fenske (Hg.), Der Weg zur Reichsgründung 1850–1870 (= Quellen zum politischen Denken der Deutschen im 19. und 20. Jahrhundert, Bd. 5), Darmstadt 1977, S. 394 f.

28 Das Reich, Preußen und der Bundesrat

Der Staatsrechtler Georg Jelinek beschreibt in einem Vortrag 1909 die Bedeutung des Bundesrates und die Rolle Preußens:

Man sieht und hört von ihm [dem Bundesrat] wenig. [...] Daher wird in der politischen Diskussion weiter Volkskreise der Bundesrat oft gänzlich ignoriert und vom Auslande wird sein Dasein oft entweder nicht gekannt oder missverstanden. [...] Weitaus der größte Teil der Gesetze entspringt seiner Initiative [...]. Der Bundesrat hat von seiner Befugnis, Gesetzesbeschlüsse des Reichstages die Sanktion zu verweigern, häufiger Gebrauch gemacht, als in den Einzelstaaten die Monarchen den Landtagen gegenüber [...]. Er erlässt wichtige Verordnungen, macht Vorschläge zur Besetzung von Reichsämtern, entscheidet Streitigkeiten, besorgt Verwaltungsgeschäfte mannigfaltigster Art. Dies alles tut er gemäß der Instruktionen der ihn beschickenden Regierungen. [...] Der Einfluss Preußens im Bundesrate ist viel bedeutender als ihm nach seiner Stimmenzahl zukommt.

Gerhard A. Ritter (Hrsg.), Das deutsche Kaiserreich 1871–1914. Ein historisches Lesebuch, Göttingen 1992, S. 4 ff.

29 „Der Maschinenmeister. Da hätte ich bei all' dem Gastein und Varzin bald vergessen, die Uhr aufzuziehen! – So! Nun kann sie wieder eine Weile gehen." Karikatur aus dem Kladderadatsch, 1871, auf die längeren Abwesenheiten des preußischen Ministerpräsidenten und Reichskanzlers zur Kur und Erholung. Bismarck dominierte das Parlament jedoch nicht nach Belieben. So fand er etwa im Linksliberalen Eugen Richter, dem Zentrumsführer Ludwig Windthorst und dem Sozialdemokraten August Bebel scharfe und rhetorisch begabte politische Kontrahenten.

30 Reichstagsdebatte zur Daily-Telegraph-Affäre

Abgeordneter Bassermann (Nationalliberale)

[...] Im Reichstage muss das Wort zu einer offenen Aussprache und zu einer freimütigen Kritik ergriffen werden, auch wenn diese Kritik nicht gefällt. Das fordern Tausende von Zuschriften und Äußerungen aus dem Lande. Diese Kritik soll erfolgen in einer ruhigen, festen und mutigen Beurteilung der heutigen Lage, getragen von dem Selbstbewusstsein unserer Kraft und von dem festen Willen, soweit es an uns liegt, zu bessern. Wir wollen nicht, dass zwischen dem Kaiser und zwischen der Nation sich eine Kluft auftut. Wir sind erfüllt von der Liebe zu dem Monarchen und von der Überzeugung, dass alles, was er tut, geleitet ist von der Sorge für das Vaterland. Aber weil wir das wünschen, und weil wir nicht wünschen, dass Missstimmungen auftreten zwischen der Nation und dem Kaiser, deshalb verlangen wir, dass die Verwaltung des Reiches ausschließlich in den Händen der verantwortlichen Organe liegt. *(Bravo! bei den Nationalliberalen.)*

[...]

Abgeordneter Dr. Wiemer (Freisinnige)

[...] Was das deutsche Volk heute bewegt, in tiefster Seele erregt, das ist die klare Erkenntnis: dies persönliche Regiment ist in einem Umfang vorhanden und wird in einer Art geübt, dass es weder mit dem monarchischen, noch dem Staatsinteresse in Einklang steht.

(Sehr wahr! links.)

[...] Wir sind der Meinung, dass die heutige konstitutionelle Verfassung in vielen Punkten nur Schein und Schemen ist und nicht den Anforderungen entspricht, die ein modernes Staatswesen erfüllen muss. Meine politischen Freunde haben schon in der vorigen Tagung einen Antrag auf volle Durchführung der Ministerverantwortlichkeit eingebracht, und wir hoffen, demnächst Gelegenheit zu haben, die Notwendigkeit dieser Forderung eingehend vor diesem hohen Hause klarzulegen. Ich will deshalb in diesem Zeitpunkt auf die Fragen, die mit dieser Forderung verknüpft sind, nicht ausführlich eingehen. Wir lassen keinen Zweifel darüber, dass eine wirklich und ernsthaft durchgeführte Ministerverantwortlichkeit der Angelpunkt des konstitutionellen Systems ist. Der Träger der Krone ist dem Lande nicht verantwortlich, sondern allein die zur Führung der Staatsgeschäfte berufenen Ratgeber der Krone. Daraus ergibt sich ohne weiteres die Forderung, dass die Minister auch wirklich Staatsmänner sein müssen, die die volle Verantwortlichkeit für den Gang der Staatsgeschäfte tragen und die ihre Anschauungen über die Entwicklung der Staatsgeschäfte zur Geltung bringen müssen. Wir erneuern die schon wiederholt ausgesprochene Forderung, dass die Ratgeber der Krone nicht biegsame und schmiegsame Höflinge sein sollen, die hinterher die Verantwortung übernehmen, auch wenn sie vorher nicht gefragt worden sind.

(Sehr richtig! links.)

[...]

Abgeordneter Singer (Sozialdemokraten):

[...] Dem Reichstag muss das Anklagerecht gegen den Reichskanzler zustehen. Dieser wird sich vor einem Gerichtshof stellen müssen, der nicht nur aus Richtern besteht, sondern dem auch Mitglieder des Reichstags angehören. Die Volksvertretung .muss in der Lage sein, durch Ihre Organe zu Gericht zu sitzen über die Politik des verantwortlichen Ministers, [...] *(Sehr richtig! bei den Sozialdemokraten.)*

Weiter, meine Herren: wir müssen dabei auch verlangen, um den Einfluss der Volksvertretung auf die auswärtige Politik, auf die Reichsleitung zu sichern und zu stärken, dass der Reichstag selbst bei der Ernennung des Reichskanzlers mitzuwirken berufen ist. *(Sehr richtig! bei den Sozialdemokraten.)*

Gegenüber den Zuständen, wie sie sich entwickelt haben, ist das Ernennungsrecht des Kaisers für den Reichskanzler keine genügende Garantie für die Sicherheit und Wohlfahrt des Volkes. *(Zustimmung bei den Sozialdemokraten.)*

[...] Meine Herren, [...] welche Machtmittel hat der Reichstag, um diese oder jene Einrichtung, wie wir sie fordern, einzuführen? Das einzige Machtmittel, welches der Reichstag in der Hand hat, ist das Geldbewilligungsrecht.

(Sehr richtig! bei den Sozialdemokraten.)

[...] Die verfassungsmäßige Verantwortlichkeit des Reichskanzlers hat sich als ein Phantom, als ein Spinngewebe erwiesen. Wir wollen und müssen eine fester gestaltete Verantwortlichkeit des Kanzlers haben.

[...] Sie, meine Herren von der Majorität, Sie, die bürgerlichen Parteien, haben die Verpflichtung, dem Volke diesen gesetzgeberischen Schutz gegen das persönliche Regiment zu schaffen. *(Bravo! bei den Sozialdemokraten.)*

[...] Meine Herren, jetzt hat die Volksvertretung das Wort. Wenn Sie den ernsten und ehrlichen Willen haben, die Wiederkehr solcher Vorkommnisse dadurch zu verhin-

dern, dass Sie die gesetzlichen Maßregeln, die ich Ihnen vorgeschlagen, durchführen; wenn Sie entschlossen sind, gegen das persönliche Regiment Schranken aufzurichten kraft der parlamentarischen Gewalt, kraft der parlamentarischen Waffen, die Sie in Händen haben, nämlich durch Verweigerung der Mittel bis nach Erfüllung der bezeichneten gesetzgeberischen Maßregeln, [...] an unserer Mitarbeit soll es nicht fehlen!
(Lebhafter, wiederholter Beifall bei den Sozialdemokraten.)

Dr. v. Heydebrand und von der Lasa (Deutschkonservative):
Meine Herren, die Versuchung wäre ja sehr groß, dem Herrn Vorredner auf seine Ausführungen einiges zu erwidern. Mir war er in seinen Verbesserungsvorschlägen eigentlich nicht konsequent genug. Der Vorschlag, den ich von seiner Seite noch vermisst habe, war der, in unsere Verfassung einen Satz aufzunehmen, dass die Monarchie in Deutschland abgeschafft wird.
(Heiterkeit)
[...] Wir stehen auf dem verfassungsmäßigen Standpunkt, dass für die Regierungsakte Seiner Majestät des Kaisers hier der Kaiser nicht verantwortlich ist, sondern dass allein die Verantwortung der Herr Reichskanzler trägt [...], und an den wir deswegen unsere Fragen und unsere Vorstellungen und unsere Mahnungen allein zu richten haben.

Dr. Freiherr v. Hertling (Zentrumspartei)
[...] Noch niemals ist der alte gute Brauch, die Person Seiner Majestät nicht in die Debatte zu ziehen, ist die Maxime monarchischer Gesinnung, wonach die Kritik vor der Allerhöchsten Person haltzumachen hat, so vollkommen außer acht gelassen worden wie heute.
(Sehr gut! bei den Sozialdemokraten.)
Wer wie ich in monarchischen Empfindungen aufgewachsen ist, wer wie ich den unersetzlichen Wert einer angestammten Dynastie zu schätzen weiß, wer auch seinen theoretischen Überzeugungen nach ganz und gar zur Monarchie steht, für den ist die Zwangslage, in der wir uns befinden, in solcher Weise hier zu reden, eine überaus unglückliche und beklagenswerte.
(Sehr richtig! in der Mitte.)
Meine Herren, ich sage, es war eine Zwangslage. Es sollte die Kritik vor der Allerhöchsten Person schweigen. Aber, meine Herren, die Tage des französischen Sonnenkönigs und die Tage der englischen Stuarts liegen längst hinter uns
(Sehr gut! links),
und heute in der modernen Welt muss auch der Träger der höchsten Macht es sich dann gefallen lassen, der Kritik der Volksvertretung unterzogen zu werden, wenn er durch seine Handlungen dazu Anlass gegeben hat. *(Sehr wahr! in der Mitte.)*
Aber allerdings ist es ein schmerzliches Ereignis, dass wir dazu gezwungen waren, und wir geben uns der Hoffnung hin, dass es niemals mehr der Fall sein wird.
(Lachen bei den Sozialdemokraten.)

Abgeordneter Freiherr von Gamp-Massaunen (Konservative)
[...] Wie soll aber das Parlament eine Einwirkung auf die Geschäftsführung des Reichskanzlers gewinnen bei dieser Zersplitterung der Parteien? Aber wenn auch diese Voraussetzung für einen größeren Einfluss des Parlaments vorhanden wäre. So würde ein sogenanntes parlamentarisches Regime nicht bloß mit den monarchischen Anschauungen der großen Mehrheit des Volkes, nicht bloß mit der auf föderativer Grundlage beruhenden Verfassung des Deutschen Reichs, sondern auch mit den vitalsten Interessen des deutschen Volks in Widerspruch stehen. *(Lachen bei den Sozialdemokraten).* Indem wir den Gedanken eines parlamentarischen Regimes abweisen *(Hört! hört! bei den Sozialdemokraten.)* müssen wir andererseits entscheidenden Wert darauf legen, dass die verfassungsmäßigen Bestimmungen über die Verantwortung des Reichskanzlers dem Lande gegenüber aufrecht erhalten werden.

Ernst Deuerlein, Der Reichstag. Aufsätze, Protokolle und Darstellungen zur Geschichte der parlamentarischen Vertretung des deutschen Volkes, Bonn 1963, S. 163ff.

31 Sozialdemokratische Abgeordnete im Reichstag 1889. Trotz des Verbots sozialdemokratischer Organisationen durch das Gesetz „gegen die gemeingefährlichen Bestrebungen der Sozialdemokratie“ zwischen 1878 und 1890 stieg die Zahl der Mandate für die Partei in den Wahlen in diesem Zeitraum von 9 auf 35, der Stimmenanteil von 6,8 auf 19,7 %.

4

32 Kaiser Wilhelm II. über monarchische Herrschaft

In einer Rede vor dem ostpreußischen Provinziallandtag in Königsberg sagt Kaiser Wilhelm 1890:

[Königsberg hat besondere Bedeutung erhalten] dadurch, dass Seine Majestät der dahingegangene Kaiser Wilhelm I. das Königtum von Gottes Gnaden von Neuem proklamiert und dort in der Schlosskirche der gesamten Welt gegenüber zum Ausdruck gebracht hat; dieses Königtum von Gottes Gnaden, was ausdrückt, dass wir Hohenzollern Unsere Krone nur vom Himmel nehmen und die darauf ruhenden Pflichten dem Himmel gegenüber zu vertreten haben. Von dieser Auffassung bin auch ich beseelt, und nach diesem Prinzip bin ich entschlossen, zu walten und zu regieren.

Johannes Penzler (Hrsg.), Wilhelm II., Die Reden in den Jahren 1888 bis 1905, Bd. I, Leipzig o.J., S. 114.

33 Die Regierungsgewalt des preußischen Königs

Erlass König Wilhelms I. an das preußische Staatsministerium vom 4. Januar 1882

Das Recht des Königs, die Regierung und die Politik Preußens nach eigenem Ermessen zu leiten, ist durch die Verfassung eingeschränkt, aber nicht aufgehoben. Die Regierungsakte des Königs bedürfen der Gegenzeichnung eines Ministers und sind, wie dies auch vor Erlass der Verfassung geschah, von den Ministern des Königs zu vertreten; aber sie bleiben Regierungsakte des Königs, aus dessen Entschließungen sie hervorgehen und der seine Willensmeinung verfassungsmäßig durch sie ausdrückt. Es ist deshalb nicht zulässig und führt zur Verdunkelung der verfassungsmäßigen Königsrechte, wenn deren Ausübung so dargestellt wird, als ob sie von den dafür verantwortlichen jedesmaligen Ministern und nicht von dem Könige selbst ausginge. Die Verfassung Preußens ist der Ausdruck der monarchischen Tradition dieses Landes, dessen Entwicklung auf den lebendigen Beziehungen seiner Könige zum Volke beruht. Diese Beziehungen lasen sich auf die vom Könige ernannten Minister nicht übertragen, denn sie knüpfen sich an die Person des Königs. Ihre Erhaltung ist eine staatliche Notwendigkeit für Preußen. Es ist deshalb Mein fester Wille, dass sowohl in Preußen wie in den gesetzgebenden Körpern des Reichs über Mein und Meiner Nachfolger verfassungsmäßiges Recht zur persönlichen Leitung der Politik Meiner Regierung kein Zweifel gelassen und der Meinung stets widersprochen werde, als ob die in Preußen jederzeit bestandene und durch Artikel 43 der Verfassung ausgesprochene Unverletzlichkeit der Person des Königs oder die Notwendigkeit verantwortlicher Gegenzeichnung Meinen Regierungsakten die Natur selbständiger königlicher Entschließungen benommen hätte. Es ist die Aufgabe Meiner Minister, Meine verfassungsmäßigen Rechte durch Verwahrung gegen Zweifel und Verdunkelung zu vertreten; das Gleiche erwarte Ich von allen Beamten, welche Mir den Amtseid geleistet haben. Mit liegt es fern, die Freiheit der Wahlen zu beeinträchtigen, aber für diejenigen Beamten, welche mit der Ausführung Meiner Regierungsakte betraut sind und deshalb ihres Dienstes nach dem Disziplinargesetz enthoben werden können, erstreckt sich die durch den Diensteid beschworene Pflicht auf Vertretung der Politik Meiner Regierung auch bei den Wahlen. Die treue Erfüllung dieser Pflicht werde Ich mit Dank erkennen und von allen Beamten erwarten, dass sie sich im Hinblick auf ihren Eid der Treue von jeder Agitation gegen Meine Regierung auch bei den Wahlen fernhalten.

Wilhelm v. Bismarck

Bismarck, Reden, bearbeitet von Wilhelm Schüßler (Bismarck, Die gesammelten Werke, Bd. 12), Berlin 1929, S. 324

34 Aus dem Konservativen Handbuch, Artikel Monarchie, 1892

Preußen besitzt in seiner erblichen konstitutionellen Monarchie die glücklichste Mischung der vorhandenen monarchischen Staatsformen. [...]

Dem schönen Beruf, über den Parteien stehend, nur das allgemeine Beste wahrzunehmen und insonderheit die Schwachen und wirtschaftlich Gedrückten zu schützen, haben die preußischen Könige bisher mit bestem Erfolge nachkommen können, weil sie sich, gestützt von dem Bewusstsein die Krone von Gottes Gnaden zu tragen, der Verfassung unbeschadet eine hinlängliche Freiheit selbstständigen Vorgehens zu bewahren gewusst hat, im Gegensatz besonders zu dem durch die Konstitution allzu sehr beschränkten belgischen Königtum und dem ausschließlich von der Parlamentsmehrheit regierten England.

Es wurde zwar im Lauf der sechziger Jahre und später auch in Preußen der Versuch gemacht, den ausländischen „Parlamentarismus" einfach auf unsre Verhältnisse zu übertragen, d.h. die Volksvertretung allmächtig zu machen und die Krone als eine lästige Beschränkung des Parlaments allmählich in Misskredit zu bringen. [...]

[...] Auf die Bedeutung der Krone dem Parlamente gegenüber in Preußen wirft das beste Licht die eine Tatsache, dass, wenn im Jahr 1862 der fast überall von der Mehrheit gestützte Wille des preußischen Abgeordnetenhauses Recht behalten hätte gegen den ganz allein dastehenden Willen des Königs, so die Armeereform rückgängig gemacht und die deutsche Einheit im Jahr 1870 sicher nicht errungen worden wäre.

Wegen des unermüdlichen Eintretens unsrer Könige für die ärmeren Schichten des Volkes ist in Preußen der Name „soziales Königtum" in Gebrauch. Man hat darauf hin gelegentlich auch versucht, die preußischen Könige für die „Demokratie" in Anspruch zu nehmen. Als „rois des gueux", als Könige der armen Leute, handelten sie aber nicht etwa aus demokratischen Empfindungen, sondern vor Allem als christliche Fürsten, daneben aber aus dem aristokratischen Gefühl der Verpflichtung heraus, ihr besseres Wissen und ihre größere Macht einzusetzen für die Unwissenden und Schwachen. [...] Der Spruch, den die preußischen Könige im Wappen führen: suum cuique, steht im schärfsten Widerspruch mit den Grundlehren der Demokratie, die nicht „Jedem das Seine", sondern „Jedem das Gleiche" verspricht und in der Behandlung der Personen wie der Einrichtungen stets das Ungleichartige über einen und denselben Kamm scheert.

Obwohl Entschließungen des Königs in Preußen nur dann Gesetzeskraft erlangen, wenn sie durch den verantwortlichen Minister gegengezeichnet sind und die Zustimmung beider Häuser des Landtags gefunden haben, so ist ein Hervortreten des Monarchen auch mit seinem rein persönlichen Willen nicht ausgeschlossen und wird stets durch die überlieferte Autorität unserer Krone gestützt werden. In keinem Fall ist zu vergessen, dass der König von Rathgebern umgeben ist, in denen wir den Niederschlag der politischen Weisheit und Verwaltungskunst unseres gesamten Volkes zu erkennen haben und deren Stimme mitschwingt in jedem Wort, welches von unserm Herrscher ausgeht.

So ist die in Preußen geltende, aus königlicher Regierung und Volksvertretung zusammengesetzte Staatsform gerade durch das Gleichgewicht der Kräfte vorzüglich; beide Teile haben völlig ausreichenden Spielraum, um in Tüchtigkeit, Pflichtgefühl und Unternehmungsgeist zum Besten des Vaterlandes zu wetteifern. Wie es demnach undenkbar ist, dass der hinter uns liegende Verfassungskampf jemals erneuert werden könnte, um die historische Entwickelung unseres Volkes rückgängig zu machen, so würde anderseits die ganze von Demagogen gekitzelte Eitelkeit einer gehässigen Opposition dazu gehören, um die zur Zeit geltende, persönliche Machtvollkommenheit unseres Königs antasten zu wollen. Für den Ausschluss dieser Möglichkeit bürgt uns die politische Reife unsers im tiefsten Herzen monarchischen Volkes.

Hans Fenske (Hrsg.), Unter Wilhelm II. 1890–1918, Darmstadt 1982, S. 39–41

35 Gesetz zur Abänderung der Reichsverfassung vom 28. Oktober 1918

Die Reichsverfassung wird wie folgt abgeändert:

1. Im Artikel 11 werden die Absätze 2 und 3 durch folgende Absätze ersetzt:
   Zur Erklärung des Krieges im Namen des Reichs ist die Zustimmung des Bundesrats und des Reichstags erforderlich.
   Friedensverträge sowie diejenigen Verträge mit fremden Staaten, welche sich auf Gegenstände der Reichsgesetzgebung beziehen, bedürfen der Zustimmung des Bundesrats und des Reichstags.
2. Im Artikel 15 werden folgende Absätze hinzugefügt:
   Der Reichskanzler bedarf zu seiner Amtsführung des Vertrauens des Reichstags.
   Der Reichskanzler trägt die Verantwortung für alle Handlungen von politischer Bedeutung, die der Kaiser in Ausübung der ihm nach der Reichsverfassung zustehenden Befugnisse vornimmt.
   Der Reichskanzler und seine Stellvertreter sind für ihre Amtsführung dem Bundesrat und dem Reichstag verantwortlich. [...]

Reichsgesetzblatt 1918, S. 1274

36 Otto Hintze, Das monarchische Prinzip und die konstitutionelle Verfassung

Das monarchisch-konstitutionelle Regierungssystem – im Gegensatz zum parlamentarischen – kann als das eigenartige preußisch-deutsche System bezeichnet werden. Es besteht gegenwärtig in einer ganz reinen und entschiedenen Form nur bei uns. [...] Eine Tendenz zum Übergang vom monarchischen zum parlamentarischen System regt sich ja auch bei uns, und wenn sie auch nicht gerade als stark zu bezeichnen ist, so reicht sie doch von der radikalen Linken bis weit hinein in die Reihen der gemäßigten Liberalen und der Zentrumspartei. [...]
Vielleicht ist die allmähliche Demokratisierung des Staatslebens ein unabwendbares Geschick der modernen Welt, aber ein Glück und ein zu erstrebendes Ziel ist sie nicht, und vor allem dann nicht, wenn sie sich in zu schnellem Tempo vollzieht. [...]
Im Reiche steht ohnehin die bestehende Verfassung [...] dem parlamentarischen Regiment entgegen. Dass die Reichsverfassung gar nicht auf parlamentarische Regierungsweise angelegt ist, geht schon aus der Bestimmung hervor, dass kein Mitglied des Bundesrats zugleich Mitglied des Reichstages sein darf – also auch der Reichskanzler nicht. Ferner: Da der Reichskanzler der Verfassung gemäß zugleich preußischer Minister ist, so könnte bei dem Grundsatz parlamentarischer Regierungsweise ein glatter Gang der Geschäfte sich nur ermöglichen lassen, wenn dafür gesorgt wäre, dass in Preußen immer dieselbe Parteikonstellation die Mehrheit hätte wie im Reich. Die komplizierte Struktur eines Bundesstaates und seiner Regierungsorgane steht überhaupt nicht im Einklang mit jener Voraussetzung innerer Einheit und Geschlossenheit, ohne die parlamentarische Regierung noch niemals möglich gewesen ist. [...]
Das monarchische Prinzip ist also mit der ganzen Struktur des Staatswesens in Preußen wie im Reiche derart verwachsen, dass es ohne eine völlige Umwandlung derselben, wie sie wohl nur durch eine Revolution bewirkt werden könnte, nicht durch das Prinzip der parlamentarischen Regierung ersetzt werden kann. Es fragt sich nun, wie der Zwiespalt, der mit dem unvermittelten Gegenüberstehen von Regierung und Volksvertretung verbunden ist, praktisch zu beseitigen ist. Da sind zwei Fälle denkbar, die auch durch die geschichtliche Erfahrung sattsam belegt sind: Entweder verfügt die Regierung über eine zuverlässige Majorität, die auf der Popularität von Männern oder Maßregeln beruht, wie es namentlich unter Bismarck zeitweise der Fall war, oder sie muss sich durch die bekannten politischen Handelsgeschäfte mit den Parteien eine Majorität zu bilden suchen. Die nackte Korruption, die früher in England und anderswo zum parlamentarischen Leben gehörte, ist in den zivilisierten Staaten wohl kaum noch in Anwendung, und die amtliche Wahlbeeinflussung [...] trifft bei uns auf zu starken Widerwillen in der öffentlichen Meinung, als dass sie sich als regelmäßiges Mittel verwenden ließe. [...] Im parlamentarischen System regieren die Parteien geradezu; im monarchisch-konstitutionellen System üben sie höchstens einen Einfluss aus, der durch das Medium des königlichen Ministeriums hindurchgehen muss, um wirksam zu werden. Diese Unterscheidung zeigt auch den staatsrechtlichen Schnitzer, der in der häufig wiederkehrenden Behauptung von einem konservativen Parteiregiment in Preußen steckt. Allerdings hat es mit der politischen Stellung der konservativen Partei eine besondere Bewandtnis. Wie die Dinge bei uns liegen, ist kaum eine Parteikonstellation als Stütze für die Regierung denkbar, bei der die konservative Partei ausgeschaltet wäre. Da die Sozialdemokraten und auch ein Teil der radikalen Linken für die Unterstützung der Regierung nicht in Betracht kommen, so kann die Regierungsmehrheit immer nur aus einer Kombination der Konservativen mit dem Zentrum einerseits oder mit den gemäßigtliberalen Parteien andererseits gebildet werden; denn eine Paarung zwischen Zentrum und Liberalen scheint trotz gelegentlichem Zusammengehen doch wohl ein Ding der Unmöglichkeit zu sein. Schon durch diese Position hat die konservative Partei sehr günstige Chancen. Dazu kommt aber, dass sie in Preußen die natürliche, historisch gegebene Regierungspartei ist, weil sie von jeher stärker und zuverlässiger als irgendeine andere Partei das monarchische Prinzip und die alten Grundlagen des preußischen Militärstaates aufrecht erhalten hat.

Otto Hintze, Staat und Verfassung. Gesammelte Abhandlungen zur Allgemeinen Verfassungsgeschichte, hrsg. von Gerhard Oestreich, 3. Aufl., Göttingen 1970, S. 359–389.

Arbeitsvorschläge

1. Beschreiben Sie, worin Stein die Notwendigkeit einer „Repräsentation" begründet sieht und welchem Ziel sie seiner Auffassung nach dienen sollte? (M 10)
2. Arbeiten Sie heraus, worin nach Auffassung des Verfassers (M 11) die Versäumnisse des Wiener Kongresses lagen?
3. Kennzeichnen Sie die von Siebenpfeiffer angestrebte „Republik". (M 12)
4. Beschreiben Sie Parlament und Wahlrecht im Großherzogtum Hessen nach den Angaben Georg Büchners. Markieren Sie dabei die Begriffe, mit denen Büchner Charakter und Politik der Herrschenden bezeichnet. (M 14)
5. Nennen Sie die Gründe Friedrich Wilhelms IV. für seine Ablehnung der parlamentarischen Monarchie. (M 15)
6. Fassen Sie die von Heinrich Simon aufgeführten Argumente gegen die Verfassung vom 3. Februar 1847 in eigenen Worten zusammen. (M 16)
7. Recherchieren Sie die Texte zur bayerischen und zur badischen Verfassung von 1818. Informieren Sie sich über die jeweilige Rolle der Landtage. Welche Rechte hatten die Ständeversammlungen und worin lagen die Unterschiede?
8. Vergleichen Sie die Rede Friedrich Wilhelms IV. vom 11. April 1847 (M 15) mit der Proklamation vom 21. März 1848 (M 17). Kennzeichnen Sie die wesentlichen Unterschiede in der Haltung gegenüber den Forderungen der Liberalen.
9. Vergleichen Sie die Standpunkte von Bassermann und Pfeiffer zum Wahlrecht (M 20 und M 21) und ordnen Sie diese jeweils einer politischen Richtung zu.
10. Erläutern Sie in eigenen Worten den Begriff „Zweikammersystem".
11. Vergleichen Sie die Parteiprogramme M 23, M 25 und M 26. Arbeiten Sie die jeweils erhobenen Forderungen und die Unterschiede heraus? Welche Partei ist Ihrer Meinung nach eher systemtreu, welche grundsätzlich oppositionell?
12. Arbeiten Sie heraus, welche Rolle nach Auffassung Jelineks der Bundesrat im Rahmen der Reichsverfassung spielt? Was bedeutet dies mit Blick auf eine mögliche Parlamentarisierung Deutschlands? (M 28)
13. Fassen Sie die Debattenbeiträge zur Daily-Telegraph-Affäre nach politischer Richtung in einer Tabelle zusammen. Welche Rückschlüsse lassen sich für eine mögliche Parlamentarisierung des Deutschen Reiches ziehen? (M 30)
14. Erläutern Sie, auch anhand der Äußerung Wilhelms II. in Königsberg, den Begriff des „persönlichen Regiments". (M 32)
15. Interpretieren Sie den Erlass Wilhelms I. im Hinblick auf die Rolle Preußens innerhalb des Reiches. War Ihrer Meinung nach eine Reichspolitik gegen den preußischen Willen möglich? (M 33)
16. Kennzeichnen Sie auf der Grundlage der Quelle M 34 die Auffassung der dem Kaiser verbundenen Konservativen über die monarchische Gewalt im Rahmen der Reichsverfassung. Wie beurteilen Sie dabei die Rolle, die dem Parlament zugewiesen wird? (M 34)
17. Erläutern Sie den Begriff der „Ministerverantwortung". Worin liegt die besondere Bedeutung der Verantwortlichkeit von Regierungsmitgliedern gegenüber dem Parlament? (M 35)
18. Interpretieren Sie Otto Hintzes Ausführungen nach den Kriterien „Parlamentarismus" und „Konstitutionalismus". Wo liegen nach Hintze die Nachteile des parlamentarischen Systems für das Deutsche Reich? (M 36)